Richard Webster

Mit der Heilkraft der
Farben
die Aura schützen

Aquamarin Verlag

1. Auflage 2008
© Aquamarin Verlag
Voglherd 1 • D-85567 Grafing
www.aquamarin-verlag.de

Titel der amerikanischen Originalausgabe:
Color Magic for Beginners
© Richard Webster 2006
Llewellyn Publications • Minnesota, USA

Umschlaggestaltung: Annette Wagner

Druck: Bercker • Kevelaer

ISBN 978-3-89427-383-5

Inhalt

Einführung

Vor einigen Jahren lud mich ein Freund ein, seine neuen Geschäftsräume zu begutachten. In der Hoffnung, dass es die Produktivität steigern werde, hatte er einen Berater damit beauftragt, das Gebäude farblich neu zu gestalten. Es war faszinierend, von Zimmer zu Zimmer zu gehen und die unterschiedlichen Farben auf sich einwirken zu lassen.

Wir alle nehmen die Wirkung bestimmter Farben unbewusst wahr. Rot regt an und wird häufig bei Schnellimbissen verwendet, um die Gäste zu ermuntern, rasch zu essen und das Lokal wieder zu verlassen, um Platz für neue Kunden zu schaffen. Als Kind war ich sehr scheu und mied die Farbe Rot, da ich instinktiv wusste, dass sie Aufmerksamkeit erregt. Jahre später erkannte ich, dass extrovertierte Menschen im Allgemeinen die wärmeren Farben lieben, während introvertierte die kühleren Farbtöne bevorzugen.

Als ich das erste Mal im Fernsehen auftrat, empfand ich es als sehr angenehm, vorher eine Zeit lang in einem grünen Raum verweilen zu können. Grün wirkt beruhigend und trägt dazu bei, sich vor dem Auftritt zu entspannen.

Der hellgelbe Anstrich eines meiner Klassenzimmer verursachte mir während des Unterrichts oft Kopfschmerzen. Gelb regt den Intellekt an, aber zu viel davon bewirkt Unruhe und Kopfschmerzen.

Ich fragte mich, was mein Freund mit der farblichen Neugestaltung zu beabsichtigen suchte, musste aber leider feststellen, dass sich sein Farbinteresse auf den Versuch beschränkte, die Leistungen zu steigern. Ohne sich dessen jedoch bewusst zu werden, hatte er seinen Angestellten einen Gefallen getan. Die ursprünglich in Blau gestrichenen Wände der Herstellungsräume ließen seine Arbeiter frösteln, worüber sie sich oft beklagt hatten. Der neue, orange Farbton wirkte wärmend, was auch meinem Freund zugute kam, denn es wurde intensiver gearbeitet.

Wir leben in einer von Farben pulsierenden Welt, was wir kaum wahrnehmen. Schauen wir uns in dem Zimmer, in dem wir uns gerade aufhalten, um und *sehen* die Farbe der Wände, der Möbel, des Teppichs und der Kleidung, die wir tragen. Jede einzelne Farbe übt eine bestimmte Wirkung auf uns aus, auch wenn wir uns dessen nicht bewusst sein mögen. Wenn wir uns mit Farben umgeben, die gut für uns sind, können wir unsere Gemütsverfassung ändern und unser Leben bereichern.

Farben besitzen drei Hauptaspekte. Ihre Heilkraft nutzt man bereits seit Tausenden von Jahren, ebenso ihre psychologische Wirkung auf Geist und Emotionen. Der esoterische Aspekt findet in der Farbmagie seine Verwendung und fördert die spirituelle Entwicklung.

In den meisten Fällen nehmen wir die Farben unserer Umgebung nicht wirklich wahr. Nach einem angenehmen Spaziergang kehren wir wahrscheinlich gestärkt und erfrischt heim, ohne über den Einfluss der Farben nachzudenken, die wir gesehen haben. Wenn wir durch einen wunderschönen Garten spazieren, mögen wir uns an dessen Farbenpracht erfreuen, aber wohl kaum ihre Wirkung auf uns bemerken. Rot sorgt für Energie und Enthusiasmus. Grün wirkt heilend. Gelb fördert den Intellekt und Orange die Ausgeglichenheit. Blau unterstützt die Kommunikation und Violett verbindet uns mit unserer Seele.

Jeder bevorzugt eine bestimmte Farbe, und Kinder fragen ihre Freunde oft nach deren Lieblingsfarbe. Verschiedene Systeme der Charakteranalyse basieren auf der Vorliebe des Individuums für bestimmte Farbtöne. Farben geben Aufschluss über unsere Persönlichkeit, unsere Hoffnungen und Träume.

Seit über viertausend Jahren kennt man die Heilkraft der Farben. Die Tempel der alten Ägypter in Luxor und Heliopolis wurden eigens zu diesem Zweck erbaut. Einige Leute siedeln diese Heilweise noch früher an und vermuten, dass die Priester von Atlantis die ersten waren, die Farbtechniken zu Heilzwecken einsetzten.

Sehr früh in der Menschheitsgeschichte muss man bereits die Notwendigkeit des Lichtes für die Existenz erkannt haben. Hieroglyphen, Schmuck und Amulette aus der Antike zeugen von dem Interesse der Menschen an Farben. Überall auf der Welt ordneten die verschiedenen Völker den vier Himmelsrichtungen bestimmte Farben zu.

In China war der Norden Schwarz, der Süden Rot, der Osten Grün und der Westen Weiß. Die Tibeter besaßen den vierseitigen Sumur-Berg, die Heimat ihrer Götter. Dem Nordhang wurde die Farbe Gelb zugeordnet, dem Süden Blau, dem Osten Weiß und dem Westen Rot.

Die Menschen im antiken Griechenland und im alten Rom glaubten, die Welt bestehe aus vier Elementen: Feuer, Erde, Luft und Wasser. Rot symbolisierte das Feuer, Blau die Erde, Gelb die Luft und Grün das Wasser. Der jüdische Geschichtsschreiber,

Schriftsteller und Soldat Josephus (ca. 37-100) assoziierte Rot mit dem Feuer, Weiß mit der Erde, Gelb mit der Luft und Purpur mit dem Wasser. Fast fünfzehnhundert Jahre später verknüpfte Leonardo da Vinci (1452-1519) Rot mit dem Feuer, Gelb mit der Erde, Blau mit der Luft und Grün mit dem Wasser.

Im ausgehenden neunzehnten Jahrhundert veröffentlichte die amerikanische Ethnologin Alice Fletcher eine Aufstellung von Farben und deren Bedeutung, die sie von den Ureinwohnern Amerikas übernommen hatte. Rot symbolisiert Sonne, Stein, Tier und Pflanzenreich sowie die Zeugungskraft. Weiß steht für Hingabe. Blau symbolisiert Wind, Mond, Wasser, Donner, Blitz und den Westen. Gelb versinnbildlicht das Sonnenlicht.

Die innere Bedeutung von Farben zeigt sich in Ausdrücken wie „Grün vor Neid" oder „Rot vor Wut". Warum nicht Blau oder Gelb? Wenn wir uns in einem späteren Kapitel mit der Aura befassen, werden wir den Ursprung derartiger Redewendungen verstehen. Solche Gemütsverfassungen lassen sich tatsächlich in der Aura ablesen.

Der Physiker sieht in der Farbe eine Lichtfunktion. Das sich in den Regentropfen reflektierende Licht ruft ein Prisma hervor, und es entsteht ein Regenbogen. Im Jahre 1666 machte der dreiundzwanzigjährige Student der Universität Cambridge, Isaac Newton (1642-1727), mit Hilfe von zwei Prismen, die er auf einem Jahrmarkt erstanden hatte, eine erstaunliche Entdeckung. Er beobachtete, dass weißes Licht das gesamte Farbspektrum enthält. Durch ein winziges Loch in der Jalousie ließ er einen Strahl des Tageslichtes in den dunklen Raum dringen und schickte ihn durch ein Prisma, das den Lichtstrahl beugte oder brach und in seine einzelnen Farben zerlegte, die an der gegenüberliegenden Wand erschienen. Newton konnte deutlich die Farben Rot, Orange, Gelb, Grün, Blau, Indigo und Violett erkennen. Heute geht man davon aus, dass jede einzelne Farbe einem bestimmten energetischen Wellenlängenbereich entspricht, den das menschliche Auge zu unterscheiden vermag. Man nennt es das sichtbare Spektrum. Rot besitzt die längste Wellenlänge und Violett die kürzeste. Jenseits des sichtbaren Spektrums liegen Energiewellen, die wir nicht zu sehen vermögen. Dazu gehören Infrarot und Ultraviolett.

Licht ist eine elektromagnetische Schwingung, da sie sich ebenso wie Wärme und Klang wellenförmig ausbreitet. Betrachten wir einen Gegenstand, nehmen wir im Grunde genommen das Licht wahr, das er reflektiert. Unsere Augen erkennen hunderte von unterschiedlichen Farbschattierungen, indem sie zwischen den einzelnen Frequenzbündeln, die jede Farbe reflektiert, unterscheidet. Die Farbe eines Gegenstandes wird durch die Wellenlängen bestimmt, die er reflektiert. Alle anderen Farben werden von ihm absorbiert.

Isaac Newton wusste bereits, dass ein farbiger Regenbogen entsteht, wenn Licht durch ein Prisma fällt. Er war jedoch der erste, der dieses Experiment eine Stufe weiter führte, indem er ein zweites Prisma verwendete, das er umgekehrt aufstellte. Die Farben verließen dieses zweite Prisma als ein einzelner weißer Lichtstrahl. Sein genialer Einfall wurde jedoch nicht von jedem geschätzt. Der bekannte englische Dichter John Keats (1795-1821) schrieb, Newton habe „die Poesie des Regenbogens zerstört, indem er ihn auf die Regenbogenfarben reduzierte".

Ich fand es bemerkenswert, dass Newton sieben Regenbogenfarben entdeckt hatte, bis ich erfuhr, dass er Alchemist war. Er erhöhte die Zahl der Farben von fünf auf sieben, indem er die Farben Orange und Indigo hinzufügte. Wahrscheinlich steht seine Wahl mit den sieben Planeten, den sieben Wochentagen, den sieben Musiknoten und möglicherweise sogar den sieben

Todsünden in Zusammenhang. Er hätte das zwischen Grün und Blau liegende Türkis hinzufügen oder zwischen dem hellen und dunklen Violett unterscheiden können. Doch dann wäre die mystische „Sieben" verlorengegangen.

Farben mögen unterschiedliche Wellenlängen des Lichtes sein, was nichts zu bedeuten hätte, wenn unsere Augen sie nicht unterscheiden könnten. Das Licht dringt in unser Auge durch die Pupille, die sich erweitert oder verengt, um mehr oder weniger Licht einzulassen. Die Netzhaut besteht aus Millionen spezifischer Zellen, einschließlich einer Schicht von Stäbchen und Zapfen, den sogenannten Photorezeptoren. In jedem Auge gibt es etwa einhundert Millionen Stäbchen und sechseinhalb Millionen Zapfen. Die Stäbchen ermöglichen es uns, bei schwachem Licht Umrisse und Formen zu unterscheiden, aber nur in Schwarz-Weiß. Die Zapfen benötigen mehr Licht, damit wir Farben erkennen können. Aus diesem Grund fällt es uns schwer, bei Dunkelheit Farben zu bestimmen.

Die Photorezeptoren der beiden Augen leiten das Wahrgenommene zum Gehirn weiter, das es seinerseits als einzelnes Bild zurücksendet. Die Wissenschaft hat diesen Vorgang noch nicht völlig erforscht. Man weiß, dass die Netzhautstäbchen den lichtempfindlichen „Sehpurpur" enthalten. Die Wirkungsweise der Zapfen ist noch weitgehend unbekannt.

Das Gehirn spielt bei der Farberkennung eine wesentliche Rolle. Patienten mit einem einwandfreien Sehvermögen, die einen Schlaganfall erlitten haben und deren Gehirn teilweise geschädigt wurde, sehen die Dinge oft nur in Schwarz-Weiß. Das Gehirn gewährleistet die Gleichmäßigkeit der Farben und dass sie bei unterschiedlichen Lichtverhältnissen korrekt identifiziert werden. Farbenblinde Menschen können zwar Farben sehen, vermögen sie aber nicht auseinanderzuhalten. Die meisten verwechseln Rot mit Grün, sind aber in der Lage, die Farbe Blau deutlich zu erkennen.

Es hat den Anschein, dass Farben von jedem Menschen ein wenig anders wahrgenommen werden, obwohl wir ihre jeweilige Wirkung auf uns genau spüren. Der New Yorker Psychoanalytiker E. Schachtel schrieb: „Farben werden nicht nur und gewöhnlich nicht in erster Linie „erkannt", sondern als anregend, beruhigend, schrill oder harmonisch... fröhlich oder düster, warm oder kalt, beunruhigend und störend oder die Konzentration und Ruhe fördernd *gefühlt*."

Wir alle spüren die Auswirkungen der einzelnen Farben, aber jeder in seiner eigenen Weise. Manche Menschen sehen den Schmerz oder die Buchstaben des Alphabets in verschiedenen Farben. Ich kannte jemanden, der Farben sah, wenn er Musik hörte. Man nennt dies Synästhesie oder farbiges Hören. Bis ich mich daran gewöhnt hatte, empfand ich es als beunruhigend, wenn ein Musikstück als „hellblau" oder „rauchgrau" beschrieben wurde. In den meisten Fällen erlebte mein Freund fröhliche Musik als helle Farben, während getragene Musikstücke in eher dunklen Farbtönen erschienen. Er steht damit nicht alleine.

Der russische Komponist Alexander Skrjabin (1872-1915) sah die Musiknoten in Farbe. C war Rot und G orange. Zur Überraschung der Zuhörer wurde die Aufführung seines Werks *Prometheus* 1910 von Farblichtern untermalt.

Der finnische Komponist Jean Sibelius (1865-1957) sah die Noten ebenfalls in Farben. Als man ihn fragte, in welcher Farbe sein Ofen gestrichen werden sollte, entgegnete er: „In F-Dur." Zum Glück strich man ihn Grün, in jener Farbe, die Sibelius wünschte.

Der russische Künstler Wassily Kandinsky (1866-1944) meinte: „Der Klang der Farben ist so eindeutig, dass wohl kaum jemand versuchen wird, ein helles Gelb in Bassnoten ausdrücken zu wollen oder einen dunklen See in einer Sopranstimme."

Der französische Komponist Olivier Messiaen (1908-1992) erklärte, wie er Farben sah und hörte: „Wenn ich Musik höre oder lese, sehe ich mit meinen inneren Augen ein lebhaftes Farbenspiel."

Besonders Kinder nehmen die verschiedenen Farben als Töne, Formen, Geschmack und Gefühle wahr. Im Alter von sieben Jahren schrieb meine Enkeltochter Eden: „Ängstlich ist wie Rosa, schmeckt nach weicher Butter, hört sich an wie Leute, die langsam schreiben, fühlt sich wie Baumwolle an und riecht wie eine neue Steppdecke."

Es gibt Menschen, die können Farben mit der Hand fühlen. Viele Blinde haben diese Fähigkeit entwickelt, aber ich bin auch Leuten begegnet, die sie besaßen, obwohl sie zu sehen vermochten. Für manche Leute besitzen Farben Duft und Geschmack. Obwohl es zurzeit keine schlüssigen Beweise für die Wirkungsweise der Synästhesie gibt, scheinen die sensorischen Informationszentren im Gehirn miteinander verknüpft zu sein, was dazu führt, dass einige Menschen Farben sehen und sie gleichzeitig hören, fühlen, riechen oder schmecken.

Es gibt Leute, die Farben mit verschiedenen Buchstaben oder sogar Wochentagen in Verbindung bringen. Tricia Guild, eine bekannte englische Farbberaterin, schreibt: „Seit frühester Kindheit besitzen einzelne Wochentage für mich eine bestimmte Farbe. Montag ist blassblau, Donnerstag hellgrün, Freitag braun und Sonntag rosa."

Man hat zahlreiche Farbtests ersonnen, um anhand seiner Lieblingsfarbe die Persönlichkeit eines Menschen zu bestimmen. Der bekannteste unter ihnen ist der Lüscher-Farbtest, den der Schweizer Psychologe Max Lüscher im Jahre 1947 zusammenstellte. Das gesamte Spektrum umfasst dreiundvierzig Farben, obwohl der Test gewöhnlich mit nur acht Farben durchgeführt wird. Max Lüscher vertrat die Ansicht, dass die vier Grundfarben Rot, Blau, Grün und Gelb unterschiedliche biologische Zustände veranschaulichen und eine gesunde Person alle vier an die ersten fünf Stellen setzen würde.

Wenn man die Kraft versteht, die hinter den einzelnen Farben liegt, wird man sie sich zunutze machen, um seine Ziele zu erreichen. Das ist „Farbmagie".

Kapitel 1

Ein Regenbogen der Farben

Jeden Tag treffen wir eine Farbauswahl. Vielleicht entscheiden wir uns für eine bestimmte Kleidung, weil wir an einer wichtigen Konferenz teilnehmen müssen. Diese Wahl kann bewusst oder unbewusst geschehen. Wollen wir aus irgendeinem Grund unser Selbstvertrauen stärken, sollten wir Rot wählen. Wenn wir hingegen wissen, dass wir es mit schwierigen Leuten zu tun haben werden, mögen wir unbewusst beschließen, Blau zu tragen und hätten damit instinktiv die richtige Farbe gewählt.

Selbst bei unserer Ernährung spielen Farben eine wesentliche Rolle. Vielleicht wählen wir einen roten Apfel, anstatt einer gelben Banane. Dies mag nicht auf unseren Geschmack zurückzuführen sein, sondern auf die unbewusste Entscheidung, diejenige Farbe zu wählen, die uns im Augenblick unterstützt. Um unseren Körper gesund zu erhalten, sollten wir unsere Nahrungsmittel möglichst farbenfroh zusammenstellen.

Nach dem Frühstück putzen wir die Zähne. Welche Farbe hat die Zahnbürste? Warum haben wir diese besondere Farbe gewählt?

Vielleicht fährst du im eigenen Auto zur Arbeit. Warum hast du dir diese Autofarbe ausgesucht? Auf dem Weg magst du das grüne Gras und den blauen Himmel und zahlreiche verschiedene Autofarben sehen.

Vielleicht kannst du die generelle Farbe deines Arbeitsplatzes nicht bestimmen, ihm aber sicherlich ein paar Farbtupfer hinzufügen, um ihn persönlich zu gestalten. Dies können Blumentöpfe, Bilder oder Fotos sein.

Im Laufe des Tages sind wir einer Vielzahl von Farben ausgesetzt, die jeden Aspekt unseres Seins beeinflussen und mit deren psychischen Wirkungen man sich bereits seit Jahren beschäftigt. Die Farben des Feuers, wie Rot, Orange und Gelb, vermitteln uns ein Gefühl der Wärme. Die Wissenschaft hat nachgewiesen, dass es sich dabei nicht nur um einen psychischen Aspekt handelt, sondern wir unter dem Einfluss von rotem Licht mehr Adrenalin absondern und unser Blutdruck, unsere Atemfrequenz und unsere Temperatur leicht ansteigen. Unter der Einwirkung von blauem Licht tritt das Gegenteil ein. Blau und Grün werden als kühle Farben betrachtet.

Selbst Kinder sind sich der psychischen Einflüsse bewusst, die unterschiedliche Farben ausüben. Gewöhnlich verbinden sie die Farbe Rot mit Ärger, Aggression und Erregung, Grün hingegen mit Frieden und Ruhe. Eine Studie aus dem Jahre 1978 ergab, dass Kinder fröhliche Bilder in Orange, Gelb, Grün und Blau ausmalten und für die traurigen Abbildungen die Farben Braun, Schwarz und Rot wählten.

Unsere persönlichen Lieblingsfarben ändern sich im Laufe unseres Lebens. Überall auf der Welt bevorzugen kleine Kinder die Farbe Rot. Erst nach dem achten Lebensjahr bringen sie ihre Vorliebe für kühlere Farben zum Ausdruck. Extrovertierte Jugendliche lieben Rot, während ihre ruhigeren und zurückhaltenden Gefährten Blau den Vorzug geben. In der westlichen Welt behaupten mehr als die Hälfte der Erwachsenen, dass Blau ihre Lieblingsfarbe sei. Nur in Spanien rangiert Rot vor Blau und Gelb. Ältere Menschen bevorzugen hellere Farbtöne, doch Gelb spricht sie am wenigsten an.

Die geographische Lage mag eine gewisse Rolle bei der Farbauswahl spielen. Die Menschen in Skandinavien bevorzugen Blau und Grün, die der Mittelmeerländer geben den wärmeren Farben den Vorzug.

Betrachten wir zunächst die grundlegende Bedeutung der Farben, die uns am häufigsten begegnen.

ROT

Rot ist die Farbe des Blutes und wird daher als Farbe des Lebens betrachtet. Sie wirkt anregend, lebendig, begeisternd, energisch und leidenschaftlich. Ein „Rot-blütiger" Mensch besitzt diese Eigenschaften. Ihre Intensität drängt nach Taten. Shakespeare schrieb: „Meine Liebe ist wie eine rote, rote Rose." Rot ist auch die Farbe der Liebe und am Valentinstag besonders beliebt. Sie steht in Zusammenhang mit Sieg und Erfolg. Aus diesem Grund „rollen wir den roten Teppich aus" für bedeutende Würdenträger. Wichtige Dinge geschehen an Tagen, die man im Kalender rot anstreichen muss. Solltest du in der Lotterie gewinnen und dir einen Sportwagen kaufen, wird dieser wahrscheinlich rot sein, da ein roter Sportwagen die oben genannten Eigenschaften symbolisiert.

Wird diese Farbe in positivem Sinne verwendet, zeigt sie sich fröhlich, schöpferisch, ehrgeizig, ausdauernd und motiviert. Sie versinnbildlicht Stärke, Macht und Selbstbewusstsein.

Interessantes über Rot

Rot leitet sich von dem Sanskrit Begriff *rudhira* und dem angelsächsischen Wort *read* ab. Die Farbe wird mit dem Planeten Mars in Verbindung gebracht, der nach dem römischen Kriegsgott benannt wurde (der einen roten Streitwagen lenktc). Rot war die Farbe der russischen Revolution, weshalb die Kommunisten auch „die Roten" genannt werden.

Der negative Aspekt des Rot wirkt zerstörerisch. Eine verärgerte Person „sieht Rot". Jemanden mit „blutigen Händen" (red-handed) zu ertappen bedeutet, ihn eines Verbrechens zu überführen. In Neu-England mussten Ehebrecherinnen im siebzehnten Jahrhundert als Zeichen ihrer Schande ein scharlachrotes A auf ihrer Brust tragen. In der Bibel heißt es: „Wenn eure Sünden sind wie Scharlach, können sie dann Weiß werden wie Schnee? Wenn sie Rot sind wie Purpur, können sie dann werden wie Wolle?" (Jes. 1,18). Da Rot sofort ins Auge fällt, findet diese Farbe bei Verkehrslichtern und Warnzeichen Einsatz. Es gab eine Zeit, in der rothaarige Menschen Argwohn erregten. Aus diesem Grunde glaubte man, Judas Iskariot sei rothaarig gewesen.

Rot eignet sich für Menschen, die abnehmen wollen, da es die Hypophyse anregt und die Assimilation beschleunigt.

Die Unterlagen von Versicherungsgesellschaften zeigen, dass rote Autos eher in Unfälle verwickelt sind als andersfarbige. Andererseits heißt es, ein in einem neuen Auto befestigtes rotes Band bringe Glück und schütze vor Unfällen.

Das rote Messgewand soll den Kardinal an das Blutvergießen der christlichen Märtyrer erinnern. Bei der *Iliade* hüllten sich die alten Griechen in rote Gewänder, um der blutigen Kämpfe zu gedenken.

Die Alchemisten des Mittelalters, die nach dem legendären „Stein der Weisen" suchten, da sie glaubten, er heile Krankheiten und verwandle unedles Metall in Gold, nahmen an, er sei von roter Farbe. Die Hebräer betrachten Rot als die Farbe des Opfers und der Sünde. Für die Christen symbolisiert sie das Blut Christi. Aus diesem Grunde wurde sie manchmal von Märtyrern getragen.

ORANGE

Orange wirkt anregend, positiv, fröhlich und stärkt das Durchhaltevermögen. Es bringt das Rot der Lebenskraft mit der Leichtigkeit und den zielsetzenden Eigenschaften des Gelb in Einklang. Die physische Energie verbindet sich mit der Gedankenkraft, was Weisheit und Leistung ermöglicht. Orange fördert neue Ideen und Sichtweisen. Es ist bedacht und energetisch zugleich.

Orange symbolisiert Wärme, Ausdehnung, Wohlstand, Ernte, Toleranz und Liebe für alles Leben.

Orange ist gewöhnlich positiv. Wird diese Farbe im negativen Sinne verwendet, kann sie sinnlich, träge, zügel- und energielos sein.

Orange ist eine männliche Farbe und eignet sich für Menschen, die vermehrt Kraft und Antrieb benötigen.

Interessantes über Orange

Erst im Mittelalter wurden die Orangen in Europa eingeführt. Bis zum siebzehnten Jahrhundert verband man Orange nur mit dieser Frucht. Gegenstände dieser Farbe bezeichnete man als Rot, Gelb oder Goldfarben. Etwa um die gleiche Zeit erhielt diese Farbe einen erotischen Anstrich, da man damals glaubte, Nell Gwynne (ca. 1650-1687) habe König Charles II. (1630-1685) mit den Orangen, die sie verkaufte, verführt.

Die alten Römer benutzten Bleichmittel und Henna, um ihr Haar rot oder goldgelb zu färben, was damals hochmodern war.

Orange war die Farbe der frühen Christenkirche, da sie die Früchte der Erde symbolisiert.

In Nordirland bezeichnet man die Anhänger des politischen Protestantismus aufgrund der orangefarbenen Blumen, die sie seit 1795 bei ihren Paraden tragen, als Oranier.

GELB

Gelb ist heiter, sorglos und voller Lebensfreude. Es ist eine warme, leuchtende und fröhliche Farbe. Sie symbolisiert den Intellekt, erfüllt mit Hoffnung und gibt den Menschen eine gewisse Zielsetzung in ihrem Leben. Der einzige Nachteil besteht darin, dass Gelb eher auf Logik und Denken basiert als auf Gefühlen und Emotionen. Dennoch bedeutet Gelb, zu lernen und Wissen und Weisheit anzustreben.

Interessantes über Gelb

Die Farbe Gelb wird oft als negativ betrachtet. Bei den mittelalterlichen Bühnenspielen trug der Schauspieler, der den Teufel darstellte, stets gelbe Kleidung. Der negative Aspekt dieser Farbe bezeichnet Feigheit, Eifersucht, Verrat, Treulosigkeit, Schande und Perversion. Diese Assoziationen sind auf mittelalterliche Künstler zurückzuführen, die annahmen, Judas Iskariot habe gelbe Gewänder getragen. In der Nazi-Zeit mussten die Juden eine gelbe Armbinde tragen, ebenso wie die Opfer der Inquisition.

In China hingegen galt Gelb als die Kaiserfarbe, der man Glück bringende Eigenschaften zuschrieb. Glücksbringer wurden oft auf gelbem Papier gedruckt.

GRÜN

Grün wirkt beruhigend, erholsam, nährend, sorgt für Gleichgewicht und stellt Körper, Geist und Seele wieder her. Es ist die Farbe der Natur und symbolisiert Wachstum und Fülle. Es ist auch die Farbe der Erneuerung, die auf Hoffnung und Langlebigkeit hinweist. Sie steht ebenfalls mit Ruhe, Stabilität, Frieden, Einfühlungsvermögen und Zufriedenheit in Beziehung. Man hat sie immer mit Heilung in Verbindung gebracht. Sie kennzeichnet hartes Arbeiten, Gewissenhaftigkeit, Verlässlichkeit und manchmal Eigensinn.

Interessantes über Grün

Das Wort *grün* stammt von dem angelsächsischen *grene*, das sich seinerseits auf den althochdeutschen Begriff *gro*, wachsen, zurückführen lässt.

Grün steht in Zusammenhang mit Wachstum. Aus diesem Grunde bezeichnet man eine unerfahrene, noch nicht erwachsene Person auch als „Grünschnabel" oder als „grün hinter den Ohren". Tom Brown, die Hauptfigur in Thomas Hughes Romanen *Tom Brown's Schultage* und *Tom Brown in Oxford* wurde als „sehr Grün" bezeichnet, „da ihn die einfachsten Dinge verwirrten".

Was die Farbe Grün betrifft, sind viele Schauspieler abergläubisch, obwohl sie unmittelbar vor ihrem Auftritt gerne in dem sogenannten „grünen Zimmer" warten. Dieser Aberglaube stammt aus jenen Tagen, in denen die Bühnen mit Kalklicht beleuchtet wurden, dessen grünliche Farbe alles Grüne nahezu unsichtbar machte. Schauspieler tragen auf der Bühne ungern grüne Kleidung. Man führt diese Abneigung auf zwei Gründe zurück. Erstens lässt grünes Bühnenlicht sie wenig schmeichelhaft erscheinen und zweitens lieben Elfen und Kobolde Grün und könnten mit jedem, der diese Farbe trägt, ihren Schabernack treiben.

Nicht nur Schauspieler hegen eine Abneigung gegenüber Grün. Der berühmte Rennfahrer Mario Andretti ließ es nicht zu, dass bei seiner Bekleidung oder seiner Ausrüstung Grün verwendet wurde.

Auch Segler fürchten diese Farbe, da sie angeblich großes Unglück bringt. Selbst Winston Churchill wurde von diesem Aberglauben erfasst. Es heißt, im Zweiten Weltkrieg habe er beim Besuch eines Fischereibetriebs im englischen Hull einem Mann zehn Pfund gezahlt, um einen grünen Pullover loszuwerden. Eine mögliche Erklärung für diesen Aberglauben mag in der Tatsache liegen, das Grün die Farbe der Natur ist. Da letztendlich alles vergeht, verwandelt sich Grün in Schwarz (stirbt), und um dies zu vermeiden, sollte man kein Grün tragen.

In Irland betrachtet man die Farbe als Glücksbringer, und Kobolde kleiden sich in Grün. In einem irischen Kinderspiel geht es um die Frage, was man zu einer Beerdigung tragen soll. Nach den Worten: „Sollen wir grüne Kleider tragen?" lautet die Antwort: „Grün gehört den Kobolden. In Grün kannst du nicht kommen."

Da Pflanzen Grün sind, glaubt man, diese Farbe versinnbildliche die Auferstehung.

BLAU

Blau ist die kühlste Farbe und wirkt beruhigend. Sie bezieht sich auf Wahrheit, Aufrichtigkeit, Loyalität, Gerechtigkeit und Intelligenz. Maria, die Mutter Jesu, wird gewöhnlich mit einem blauen Mantel dargestellt, um ihre Liebe, Treue und Hingabe zu symbolisieren. (Die Künstler des Mittelalters betrachteten Rot als die Farbe Gottes, Blau als die des Gottessohnes und damit auch Marias und Grün als die Farbe des Heiligen Geistes.) In der heutigen Zeit tragen Geschäftsleute gerne Blau, um Vertrauen und Zuverlässigkeit zum Ausdruck zu bringen.

Interessantes über Blau

Mit dieser Farbe sind einige seltsame Bedeutungen verknüpft. Eine „blaue Geschichte" hat einen anrüchigen Beigeschmack. Unter „Blaubart" versteht man einen Frauenmörder. Man bringt Blau auch mit einer melancholischen Stimmung in Verbindung („den Moralischen haben" oder „blauer Montag"), worauf sich wohl die Bezeichnung für den Blues zurückführen lässt. „Blaumann-Arbeiter" sind Fabrikarbeiter, „Blaustrümpfe" hingegen intellektuelle Frauen. Manchmal begegnet uns das Glück aus heiterem Himmel („out of the blue"). Ein getreuer Anhänger („true blue") wird ebenfalls mit der Farbe Blau in Verbindung gebracht.

Es gibt wohl kaum eine Braut, die auf ihrem Gang zum Altar nicht „etwas Altes, etwas Neues, etwas Geborgtes und etwas Blaues" trägt. Das Alte sollte in der Vergangenheit jemandem Glück gebracht haben, der neue Gegenstand erfüllt die Braut mit Hoffnung, der geborgte trägt den Segen und die guten Wünsche dessen, der ihn geliehen hat und der blaue Gegenstand verbannt alle bösen Geister vom Hochzeitstag und aus der gesamten Ehe.

Die Philosophen des antiken Rom trugen Blau in ihren Gewändern, um auf Spiritualität und Weisheit hinzuweisen. Die keltischen Barden trugen ebenfalls Blau, um Harmonie und Wahrheit zu symbolisieren. Im amerikanischen Universitätssystem steht diese Farbe auch heute noch für Philosophie.

Der Überlieferung nach schützt das Tragen von Blau die Menschen vor Hexen, da es sich dabei um die Farbe des Himmels handelt, den die Hexen verabscheuen. In gleicher Weise wehrt diese Farbe den Einfluss des bösen Blickes ab.

Ein anderer überlieferter Glaube bezieht sich auf das Glück. In einem Kinderreim heißt es: *Berühre Blau, und dein Wunsch wird in Erfüllung gehen.*

Der Hosenbandorden, der höchste Ritterorden Großbritanniens, wurde eingeführt, nachdem König Edward III. sich gebückt hatte, um das blaue Strumpfband aufzuheben, das eine der Hofdamen fallengelassen hatte.

Der Ausdruck „blaues Blut" bezieht sich auf Menschen von adliger Abstammung und kommt ursprünglich aus Spanien. Die Adern jener Aristokraten, die keine maurischen Vorfahren besaßen, sahen blauer aus als die jener, die nicht adligen Ursprungs waren.

Blau zieht Moskitos stärker als jede andere Farbe an.

INDIGO

Indigo bezieht sich auf Gelassenheit, Würde, Idealismus, Gerechtigkeit, Weisheit und Dienst am Menschen. Außerdem symbolisiert es Inspiration, Intuition und Spiritualität.

Interessantes über Indigo

Das Wort Indigo leitet sich von einem griechischen Begriff ab, der „aus Indien" bedeutet.

Indigo wurde ursprünglich aus der Waidpflanze gewonnen. Es war im antiken Griechenland, in Ägypten und Indien eine beliebte Farbe und auch im damaligen Asien und Peru bekannt.

Das Britische Museum in London besitzt eine Tafel mit babylonischen Färbeanleitungen, die Aufschluss darüber geben, wie beliebt diese Farbe vor zweitausendsiebenhundert Jahren gewesen sein muss.

Vor dem Jahre 1900 wurde Indigo ausschließlich aus den Pflanzengattungen *indigofera* und *isatin* gewonnen. Bis zu Beginn des 20. Jahrhunderts exportierte Indien riesige Mengen des aus diesen Pflanzen extrahierten Indigofarbstoffes. 1883 entdeckte Adolf von Baeyer die chemische Struktur des Indigo, und Ende 1890 wurde eine kommerziell durchführbare Methode geschaffen, um eine synthetische Form herzustellen.

VIOLETT

Violett wird mit Inspiration, Spiritualität und dem Heiligen in Verbindung gebracht. Violett ist selbstlos, liebend, tolerant und intuitiv. Es fördert die Imagination.

Interessantes über Violett

Das Wort *violett* leitet sich von dem altfranzösischen *violete* ab, einer Pflanze, die eine Blüte in dieser Farbe hervorbringt. Purpur kommt von dem lateinischen *purpura*. Der tyrische Purpur wurde aus einer Molluske gewonnen. Im antiken Rom galt Purpur als Kaiserfarbe.

Purpur und Violett werden im Allgemeinen als dieselbe Farbe angesehen, obwohl einige Leute glauben, Violett enthalte einen Hauch mehr Rot.

Schon die Priester des griechischen Eleusis trugen purpurfarbene oder violette Gewänder, woraus man schließen kann, wie lange der Zusammenhang zwischen Spiritualität und dieser Farbe bereits besteht. Bei den Christen symbolisiert Violett die Passion Christi und kennzeichnet ebenfalls den Advent und die Karwoche. Manche vertreten die Ansicht, Jesus habe purpurfarbene Gewänder getragen.

Bei antiken Festlichkeiten verwendete man violettfarbene

Blumen, da man glaubte, sie schützten vor Kopfschmerzen und Trunkenheit.

Es gab eine Zeit, in der man Neugeborene in purpurfarbene Tücher hüllte, um zukünftigen Ruhm, Besitz und Erfolg zu sichern.

Das Verwundeten-Abzeichen der U.S.-Streitkräfte, das „Purpurherz", wird Soldaten verliehen, die im Kampf verwundet oder getötet wurden. Dieser Orden wurde 1782 von George Washington eingeführt und diente ursprünglich als Anerkennung außergewöhnlicher militärischer Verdienste. Die Farbe Purpur wurde wahrscheinlich gewählt, um die außerordentliche Leistung entsprechend zu würdigen.

Der Ausdruck „Purpurprosa" bezieht sich auf eine blumenreiche, üppige und übertriebene Sprache. Violett ist eine satte, lebendige Farbe, weshalb man sie mit einem derartigen Schreibstil in Verbindung bringt. Wenn jemand ausgesprochen wütend ist, beschreibt man ihn als „violett vor Wut".

ROSA

Rosa wirkt hegend und pflegend. Es handelt sich um eine sanfte, einfühlsame, hingebungsvolle und gebende Farbe. Sie wird mit der Weiblichkeit und Unschuld in Beziehung gebracht. Es ist eine positive, fröhliche Farbe, die man daher einem Menschen zuordnet, der sich in Hochform befindet.

Interessantes über Rosa

Im englischen Volksgut heißt es, Rosa fördere positive Zukunftsgedanken. Rosa bedeutet aber auch, kommunistisch angehaucht zu sein, wenn jemand die politischen Ansichten des äußersten linken Flügels unterstützt.

Rosa wirkt beruhigend. In den Vereinigten Staaten gibt es zahlreiche Krankenhäuser und Strafanstalten, in denen es einen rosafarbenen Raum gibt, um gewalttätige und geistig verwirrte Personen zur Ruhe zu bringen.

WEISS

Weiß ist die Farbe der Reinheit, der Unschuld und des Schutzes. Sie vermittelt das Gefühl von Freiheit und unbegrenzten Möglichkeiten. Weiß beseitigt Negativität und fördert Vergebung und Toleranz. Aus diesem Grunde spricht man von der „weißen Friedenstaube".

Interessantes über Weiß

„Weiße Magie" ist positiv. Sie schadet niemandem und hilft allen. Eine „weiße Lüge" bedeutet, die Unwahrheit zu sprechen, die aber entweder harmlos ist oder die Gefühle eines anderen Menschen nicht verletzen will.

Priester tragen häufig weiße Gewänder, da diese Farbe das Geistige und das Licht symbolisiert. Im Christentum trägt der Täufling Weiß, um die durch seine Wiedergeburt gewonnene Reinheit zu bekunden. Diese Gedankenverbindung zeigt sich auch in der Tradition der Weiß gekleideten Braut. Bei der Verklärung wurden die Gewänder Christi „weißer als Schnee" (Mark. 9,3). Weiß bedeutet auch Vergebung. „Wenn eure Sünden sind wie Scharlach, können sie dann Weiß werden wie Schnee?", spricht der Herr (Jes. 1,18).

Bei einem „weißen Elefanten" handelt es sich um einen Gegenstand, der mehr kostet, als er wert ist und den man nur schwierig loszuwerden vermag. Dieser Begriff geht auf einen siamesischen König zurück, der jedem Höfling, den er finanziell ruinieren wollte, einen weißen Elefanten schenkte.

Im 17. Jahrhundert benutzten die Bourbonen eine weiße Flagge als Zeichen einer gerechten Sache. Im Laufe der Zeit vollzog sich ein Bedeutungswandel, und die weiße Flagge wurde zum Zeichen der Kapitulation. Diese Tatsache geht auf die „weiße Feder" zurück, die einen Feigling oder schlechten Kämpfer kennzeichnete.

Ein „geweißeltes Grab" ist ein Heuchler (Mat. 23,27). „Weiß waschen" bedeutet, etwas zu vertuschen, um alles einwandfrei erscheinen zu lassen.

Das bedeutendste weiße Gebäude ist das „Weiße Haus" in Washington. Im Jahr 1800 beschloss man, in Anlehnung an die antiken griechischen Gebäude, das Haus in Weiß zu streichen. Ein halbes Jahrhundert später fanden Gelehrte heraus, dass die griechischen Häuser der Antike nicht weiß, sondern in einer Vielfalt von Farben gestrichen waren.

BRAUN

Das Wort *braun* leitet sich vom angelsächsischen *brun* ab.

Braun ist eine Erd- und Herbstfarbe und wirkt erdend. Sie symbolisiert gute Gesundheit, harte Arbeit, Stabilität und Belohnung aufgrund von Leistung. Braun hebt alle anderen Farben.

Im Mittelalter war es die Trauerfarbe.

Interessantes über Braun

Die christlichen Mönche trugen braune Kutten, um damit ihre Armut, Demut und Entsagung zum Ausdruck zu bringen, ein Sinnbild, das auf den ungebrannten Lehm zurückgeht. Die chinesischen Kaiser der Sung-Dynastie vertraten eine völlig andere Ansicht. Braun symbolisierte die Dynastie.

Während der großen Weltwirtschaftskrise erfreute sich braune Kleidung großer Beliebtheit, da sie weniger Schmutz empfindlich war. Sigmund Freud, nicht einer der fröhlichsten Menschen, sah in der Farbe Braun nur eine Sinnbild für Exkremente.

SCHWARZ

Schwarz ist eine vornehme, macht- und geheimnisvolle Farbe, die im eigentlichen Sinne keine Farbe ist, denn sie entsteht durch die Abwesenheit von Licht. Schwarz absorbiert das Licht und strahlt es nicht zurück.

Interessantes über Schwarz

Im Allgemeinen erachtet man Schwarz als negativ, was auf Begriffe wie schwarze Wahlkugel (Gegenstimme), schwarze Liste, Erpressung (blackmail), schwarze Magie und Schwarzmarkt zurückzuführen ist. Andererseits bedeutet „schwarze Zahlen zu schreiben", dass Gewinn erarbeitet wurde.

Unter einem „schwarzen Schaf" versteht man jemanden, der aus dem Rahmen fällt. Zauberkraft zu böswilligen Zwecken einzusetzen, nennt man „schwarze Magie". Priester tragen Schwarz als Zeichen ihrer Achtbarkeit. Sich bei einer Beerdigung in Schwarz zu kleiden, geschah ursprünglich nicht aus Respekt vor dem Verstorbenen. Dieser Brauch geht auf eine alte römische Sitte zurück, die besagt, dass der Mensch in Gegenwart des Todes unbedeutend ist. Vielleicht beabsichtigte man auch, die Überlebenden angesichts des Geistes, der die Seele des Verstorbenen genommen hatte, unsichtbar erscheinen zu lassen.

Eine schwarze Katze kann Glück oder Unglück bringen, was vom Glauben des Einzelnen abhängt. Es gab eine Zeit, in der man glaubte, Hexen könnten sich in Katzen verwandeln, die dann natürlich schwarz waren, da man diese Farbe der Boshaftigkeit zuordnete. Wenn eine schwarze Katze ihren Weg kreuzte, glaubten diese Leute, dass es sich wahrscheinlich um eine Hexe handelte. Im 13. Jahrhundert brachte Papst Gregor IX. Schwarz mit Zauberkunst in Verbindung. Die Leute glaubten, hinter dieser Farbe stehe der Teufel. Als Anfang des 14. Jahrhunderts der Templerorden aufgehoben wurde, zwang man die gefolterten Mitglieder zu dem Geständnis, den Teufel in Gestalt einer schwarzen Katze verehrt zu haben. Glücklicherweise erging es den schwarzen Katzen in anderen Teilen der Welt nicht in dieser Weise. Für die Japaner bedeuten schwarze Katzen Glücksbringer, und die Buddhisten glauben, das eine schwarzhaarige Katze im Haus auf künftigen Wohlstand deutet. Heutzutage sind die Meinungen unterschiedlich, der eine glaubt immer noch, dass es Unglück bringt, wenn eine schwarze Katze seinen Weg kreuzt, während andere darin ein Glückszeichen sehen. Katzenliebhaber lieben natürlich alle Katzen, gleichgültig welche Farbe ihr Fell besitzt.

SILBER

Silber wirkt ausgleichend und harmonisierend. Es steht mit dem Mond in Zusammenhang und symbolisiert Wandel, Lernen, und Weiblichkeit. Es kann kühl und in gewisser Weise introspektiv sein.

Interessantes über Silber

Da man Silber seit jeher mit dem Mond in Verbindung gebracht hat, entstand eine Assoziation mit Hoffnung, Weisheit und Wortgewandtheit. Ein chinesisches Sprichwort besagt: „Reden ist Silber, Schweigen ist Gold." Mit einem „Silberlöffel im Mund geboren zu werden", bedeutet, von hoher Abstammung zu sein. Eine Wolke mit einem „Silberstreifen" ist ein Zeichen, dass die Zukunft sehr viel lichter sein wird als die Gegenwart.

Es gab Zeiten, in denen man Silber eine negative Bedeutung zuschrieb, was auf die „dreißig Silberlinge" zurückzuführen ist, für die Jesus verraten wurde.

GOLD

Gold bezieht sich auf Erfolg, Fülle und Macht, gemäßigt durch Weisheit. Es ist positiv, selbstmotiviert und großzügig.

Interessantes über Gold

Gold ist immer wertvoll gewesen und wurde stets geschätzt. In der Antike glaubte man, die Götter seien von goldener Farbe. Gold wurde auch als Sonnenrückstand betrachtet. Seine Beziehung zur Sonne macht es zu einem Symbol für Männlichkeit.

Nach diesem Überblick über die Hauptfarben wollen wir als Nächstes einige Techniken untersuchen, die es uns ermöglichen, die starken Farbenergien zu beherrschen.

Kapitel 2

Die Kräfte der Farben

Die Farbtherapie basiert auf der Tatsache, dass verschiedene Körperfunktionen durch die Einwirkung von Farben positiv beeinflusst werden. Ist ein bestimmtes Organ in irgendeiner Weise angegriffen, wird der Körper einer Farbe ausgesetzt, die sich auf dieses Organ besonders günstig auswirkt.

Interessanterweise tragen wir diesem Umstand instinktiv Rechnung, wenn wir für unsere Kleidung oder unsere Nahrung bestimmte Farben wählen. Will sich jemand von einer zerrütteten Beziehung erholen, kleidet er sich vielleicht in Grün. Obwohl es ihm nicht bewusst sein mag, dass diese Farbe seinen Verarbeitungsprozess unterstützt, fühlt er sich zu grüner Kleidung hingezogen.

Man kann die Farbe aber auch ganz gezielt aussuchen. Benötigt man mehr Energie, sollte man etwas Rotes tragen. Will man die Verbindung zum Göttlichen stärken, ist Violett angebracht. Die Farbe wirkt am stärksten, wenn man sie sichtbar trägt. Sollte sie nicht zu der übrigen Kleidung oder der augenblicklichen Tätigkeit passen, wähle man sie als Unterbekleidung oder trage sie als Textilmuster oder Taschentuch bei sich.

PERSÖNLICHE FARBKOLLEKTION

Es wäre vorteilhaft, sich eine Mustersammlung der einzelnen Regenbogenfarben zuzulegen. Man kann sie mit einem Farbstift auf ein Stück Pappe aufmalen, verschiedene Farbvierecke aus einer Illustrierten herausschneiden oder die Farbtafeln der Farbenindustrie verwenden. Meine Lebensgefährtin besitzt eine Sammlung verschiedenfarbiger Fliesen.

Setze dich mindestens dreißig Minuten lang an einen ungestörten Ort und betrachte die einzelnen Farben. Finde heraus, welche dich am stärksten anspricht. Es mag eine Weile dauern, bis du weißt, zu welcher du dich im Moment am stärksten hingezogen fühlst. Es handelt sich nicht um eine bewusste Entscheidung, sondern eher um ein Gefühl, dass du eine bestimmte Farbe benötigst.

Lege die übrigen Farben beiseite und betrachte jene, die du instinktiv gewählt hast. Atme mehrmals tief ein und entspanne dich. Du musst nicht an irgendetwas Besonderes denken. Konzentriere dich nur auf die Farbe und nimm ihre Energie mit Körper, Geist und Seele in dich auf.

Dein Körper wird es dich wissen lassen, wann es genügt. Sobald du unruhig wirst oder das Interesse verlierst, höre auf. Der Unterschied deines Zustandes ist beachtlich. Obwohl es dir nicht bewusst war, dass dein Körper nach einer bestimmten Farbe verlangte, wirst du die Wirkung sofort bemerken. Bist du ärgerlich gewesen, wirst du zur Ruhe kommen. Warst du träge und lustlos, wirst du plötzlich die Energie verspüren, die du für eine bestimmte Aufgabe benötigst. Fühltest du dich traurig oder allein, wirst du fröhlicher und positiver gestimmt sein.

Meine Lebensgefährtin betrachtet jeden Morgen ihre Fliesen und wählt diejenige aus, die für sie an diesem Tag die geeignete zu sein scheint. Sie stellt sie auf den Schreibtisch, um sich während des Tages ihrer Energie auszusetzen. Hin und wieder wirft sie einen Blick darauf, doch zum größten Teil nimmt sie die Farbenergie während der Arbeit unterschwellig auf. Bisweilen benutzt sie dieselbe Fliese drei oder vier Tage hintereinander, aber in den meisten Fällen wechselt sie die Farbe von Tag zu Tag.

IMAGINATIONSKRAFT

Möchtest du mit den Farben experimentieren, ohne deine Farbsammlung bei der Hand zu haben, schließe einfach die Augen und stelle sie dir vor. Gehe die Farben eine nach der anderen durch und frage dich jedesmal: „Benötige ich im Augenblick mehr Rot?" „Wie steht es mit Orange, wie mit Gelb?" und so fort. Sobald du eine bestimmte Farbe gewählt hast, stelle dir vor, du atmest reines Rot (oder welche Farbe auch immer) ein. Höre nicht eher auf, als bis du fühlst, dass du von ihrer Energie genügend aufgenommen hast. Du wirst feststellen, dass diese Übung die gleiche Wirkung zeigt wie die vorangegangene. Zweckmäßiger wäre es jedoch, wenn du dich zunächst mit der ersten Übung vertraut machst, bevor du die zweite ausprobierst.

KERZENLICHT

In meinem Buch *Kerzenmagie für Anfänger* erwähnte ich eine Freundin, die jeden Sonntagabend Kerzen entzündet, wenn sie in ihr Tagebuch schreibt. Sie weiß nichts über Farben, wählt aber instinktiv solche Kerzen, deren Farbe oder Farben sie in diesem Moment benötigt.

Man kann unbewusst oder absichtlich Kerzen mit der jeweils erforderlichen Farbe anzünden. Beunruhigt dich eine bestimmte

Situation, mit der du dich auseinandersetzen musst, solltest du rote Kerzen nehmen, da sie dir das nötige Vertrauen schenken.

Sind mehrere Leute zugegen, ist es wichtig, die Kerzenfarbe sehr sorgsam zu wählen. Die Gäste werden ruhiger und stiller sein, wenn violette Kerzen auf dem Tisch stehen. Gelbe Kerzen hingegen ermuntern sie, lebhaft an der Unterhaltung teilzunehmen.

KOMBOLOIS

In Griechenland werden die *Komboloi* als Gebetsperlen verwendet. Der Begriff setzt sich aus dem griechischen Wort *kombos* (Knoten) und *loi* (Gruppe) zusammen. Angeblich kamen sie während der türkischen Besatzung nach Griechenland und wurden zuerst in den Klöstern auf dem Athos benutzt.

Komboloi ist eine zu einem Ring geformte Perlenschnur, wobei die Anzahl der Perlen keine Rolle spielt, aber gewöhnlich zwischen sechzehn und dreiundzwanzig liegt. Im Gegensatz zu den Rosenkranzperlen sind die Perlen der Komboloi lose aneinandergereiht und können gegeneinander klicken. Dieser Klang trägt zu der Anziehungskraft der Perlenschnur bei. Oft verbindet eine Quaste ihre beiden Enden. Komboloi werden aus verschiedenen Materialien hergestellt. In der Antike bestanden sie aus kostbaren Edelsteinen.

Man kann sie in Läden kaufen, die griechische Artikel importieren, oder über das Internet bestellen. Man kann sie aber auch selbst anfertigen.

Dazu benötigt man eine Anzahl von Perlen, die lose aneinandergereiht werden. Ihre Größe spielt keine Rolle. Ich persönlich bevorzuge größere, schwerere Perlen. Ich besitze Komboloi in jeder der sieben Regenbogenfarben sowie eine bunte, die ich benutze, wenn ich glaube, mehrere Farben gleichzeitig zu benötigen.

Verknote ein Fadenende, damit die Perlen nicht abrutschen können. Führe den Faden durch die erste Perle, lasse sie bis zu diesem Knoten gleiten und führe ihn ein zweites Mal hindurch, um sie zu befestigen. Danach werden die übrigen Perlen aufgereiht. Verbinde die beiden Fadenenden miteinander und knüpfe eine Quaste oder einen Glücksbringer daran.

Deine Komboloi ist fertig. Bist du Rechtshänder, hängt sie normalerweise vom Mittelfinger der linken Hand herab oder weist umgekehrt mit den Handflächen nach oben. Der Knoten, die befestigte Perle und die Quaste sollten auf den Fingern ruhen, während die übrigen Perlen nach unten hängen. Schwinge die Schnur leicht hin und her und lasse die Perlen über den Zeigefinger in deine Handfläche fallen. Stoße jede einzelne Perle mit dem Daumen ab. Trifft sie auf die darunterliegende, entsteht ein faszinierendes klickendes Geräusch. Sind alle Perlen durchgelaufen, lasse die Komboloi zurückschnellen und beginne erneut. Es klingt schwieriger, als es in Wirklichkeit ist. Mit ein bisschen Übung läuft es automatisch, ohne hinzuschauen. Dieses Spiel mit der Perlenschnur besitzt eine außerordentlich beruhigende, entspannende und meditative Wirkung. Es besänftigt den Geist und nimmt das Gefühl von Überforderung und Verspannung.

Einige Leute ziehen es vor, ihre Komboloi zwischen den Händen zu halten und die Perlen leicht aneinanderstoßen zu lassen, um dieses Geräusch zu erzeugen. Ich persönlich bevorzuge die traditionelle Art, da ich den rhythmischen Klang und die sanfte Handbewegung liebe. Jeder sollte seine eigene Methode finden.

Wenn ich das Bedürfnis nach einer bestimmten Farbe verspüre, nehme ich die entsprechende Perlenschnur und spiele eine Weile mit ihr. Danach fühle ich mich entspannt, ausgeruht und angefüllt mit der Farbenergie, an der es mir mangelt. Die Komboloi mag auch zur Anregung der Hellsichtigkeit und Vorausschau verwendet werden, da man durch das Spiel mit den Perlen in einen entspannten, mystischen Zustand versetzt wird, der die übersinnliche Wahrnehmung fördert.

FARBEN MIT DER WÜNSCHELRUTE SUCHEN

Um die Farbe ausfindig zu machen, die der Körper benötigt, kann man auch die Wünschelrute benutzen. Meistens findet sie ihren Einsatz beim Aufspüren von Grundwasser, aber es gibt zahlreiche andere Verwendungsmöglichkeiten. Für dieses Experiment bedarf es eines Pendels, das man in großer Auswahl in allen Esoterik-Läden findet. Ein an einer Schnur oder Kette hängender Bergkristall wäre ideal. Aber auch jedes andere kleinere Gewicht an einer einige Zentimeter langen Kette oder Schnur erfüllt denselben Zweck.

Halte die Schnur zwischen Zeigefinger und Daumen der rechten Hand, wenn du Rechtshänder bist, oder umgekehrt. Setze dich hin und stütze den Ellbogen auf einen Tisch, damit das Gewicht etwa drei Zentimeter über der Tischplatte hängt.

Halte die Bewegung des Pendels mit der anderen Hand an und frage, welche Richtung „Ja" sein soll. Warte still, bis sich das Pendel zu bewegen beginnt. Es wird in eine von vier Richtungen schwingen, entweder von Seite zu Seite oder zu dir hin und von dir fort. Eine andere Möglichkeit besteht darin, dass es sich im oder gegen den Uhrzeigersinn dreht.

Hast du die Richtung bestimmt, die „Ja" andeuten soll, halte das Pendel an und frage, welche Richtung „Nein" bedeutet. Es gibt zwei weitere Möglichkeiten. Frage, welche Bewegung „Ich Weiß nicht" und welche „Ich möchte keine Antwort geben" heißt.

Liegt die Bedeutung aller Richtungen fest, solltest du das Pendel prüfen, indem du Fragen stellst, deren Antworten du kennst. Frage, zum Beispiel, ob du männlichen Geschlechts bist. Das Pendel wird dementsprechend reagieren. Es handelt sich um ein nützliches Werkzeug, das auf jede Frage eine Antwort gibt, die durch eine der vier Bewegungsrichtungen beantwortet werden kann.

Am Anfang mag es einige Minuten dauern, aber mit ein wenig Übung wird sich das Pendel unmittelbar nach der Fragestellung in Bewegung setzen. Gibt es Schwierigkeiten, halte die Schnur oder Kette kürzer oder länger. Vielleicht nimmst du auch die andere Hand. Rechtshänder halten es gerne in der rechten, Linkshänder in der linken Hand. Hat sich das Pendel erst einmal bewegt, wird es jederzeit einsatzbereit sein.

Sobald du mit ihm vertraut bist, kannst du die jeweilige Farbe bestimmen, die du benötigst. Beginne mit der Frage, ob dir die rote Energie fehlt. Warte auf eine Antwort und frage anschließend alle anderen Farben ab. Vielleicht sind zwei oder drei Farben vonnöten, je nachdem wie es um deine Gesundheit, deinen Energiepegel und das, was gerade in deinem Leben passiert, bestellt ist.

Hat das Pendel dir eine Antwort gegeben, kannst du dich einer der bereits beschriebenen Methoden bedienen, um die Farbe oder die Farben, die du brauchst, aufzunehmen.

FARBVISUALISATION

Visualisieren bedeutet, sich geistig etwas vorzustellen. Manche Menschen „sehen" lebendige Bilder. Andere sehen kaum etwas oder gar nichts, vergegenwärtigen sich die Dinge aber in einer anderen Weise. Bei dieser Übung stellst du dir eine bestimmte Farbe vor und beobachtest, welche Gedanken und Gefühle sie hervorruft. Du wirst einige Einblicke gewinnen, die dich wahrscheinlich überraschen werden.

Setze dich bequem hin, schließe die Augen und atme mehrmals tief durch. Entspanne dich. Sobald du dich vollkommen entspannt fühlst, führe dir irgendeine Farbe vor Augen. Fühle und spüre sie möglichst klar. Stelle dir vor, sie hülle dich vollkommen ein. Fühlt sie sich warm oder kalt an? Genießt du es, von ihr umgeben zu sein? Wie reagierst du auf die Farbe? Welche Emotionen steigen in dir empor? Bleibe möglichst objektiv, so als seiest du ein außenstehender Beobachter, der neugierig auf deine Gefühle und Reaktionen blickt.

Sobald du alles Nötige weißt, lasse die Farbe in deinem Geist verblassen. Atme dreimal tief durch und öffne die Augen. Wenn du möchtest, kannst du sie wieder schließen und eine andere Farbe untersuchen. Ich sinne gerne eine Weile über die Gedanken, Gefühle und Empfindungen nach, die eine Farbe hervorruft, ehe ich erneut die Augen schließe. Wenn ich befürchte, irgendetwas zu vergessen, mache ich mir Notizen, bevor ich fortfahre.

VERGEGENWÄRTIGUNG EINES STOFFGESCHÄFTES

Auch diese Übung dient dazu, deine Gefühle im Hinblick auf die verschiedenen Farben zu erkunden. Achte darauf, dass dich in dieser Zeit niemand stört. Mache es dir möglichst bequem, schließe die Augen und atme tief durch. Sage dir beim Ausatmen: „Entspanne, entspanne, entspanne."

Sobald du dich völlig entspannt hast, stelle dir vor, du gehst eine Straße entlang, an der auf beiden Seiten wunderschöne, exklusive Geschäfte liegen. Es ist ein angenehmer, sonniger Tag, und du bist glücklich. Du bleibst stehen und betrachtest einige Schaufenster. Die Auslagen eines Stoffgeschäftes ziehen dich besonders stark an und du beschließt, den Laden zu betreten.

Seine Weitläufigkeit überrascht dich. Die Stoffauswahl ist ungewöhnlich umfangreich. Du bewunderst die verschiedenen Farben und Muster. In der äußeren Ecke des Ladens gibt es nur eine einzige Farbe. Es ist genau die Farbe, die du benötigst. Du begibst dich mitten hinein und schaust dich um. Du bist völlig umgeben von dieser einen Farbe. Du lässt dich auf dem bequemen Stuhl, der dort steht, nieder und gibst dich der Erfahrung hin, die sie in dir auslöst.

Verweile, so lange es dir gefällt. Erhebe dich und gehe noch ein wenig durch den Laden, ehe du ihn verlässt. Sobald du wieder draußen auf der Straße stehst, lasse die Visualisation verblassen. Atme dreimal tief durch und öffne die Augen.

Denke eine Weile über die Eindrücke nach und kehre in deinen Alltag zurück. Manchmal führe ich diese Übung abends im Bett vor dem Einschlafen durch oder ich schlafe im Sessel ein, eingehüllt in die Farbe, die mir fehlt.

KÖRPERBEWEGUNGEN

Tanzen oder andere Körperbewegungen bilden eine wundervolle physische Möglichkeit, die verschiedenen Farben zu empfinden. Einige Menschen leben stärker in Einklang mit ihrem Körper als andere, aber diese Übung kann jeder durchführen. An einem meiner Workshops nahm ein Mann im Rollstuhl teil. Ich erwartete nicht, dass er sich an der Übung beteiligte, musste aber feststellen, dass er sich mit seinen Händen und Armen als ein hervorragender Tänzer erwies.

Bei meinen Workshops achte ich darauf, dass die erforderlichen Stoffmuster möglichst groß sind. Führt man die Übung alleine durch, spielt die Größe keine Rolle.

Wesentlich hingegen ist der persönliche Freiraum, der bei mehreren Menschen in einem Raum kaum gegeben ist. Wenn du dich in deinem Zimmer bewegst, solltest du lose sitzende Kleidung tragen. Ich selbst bewege mich gerne barfuß.

Befestige ein Muster der zu erforschenden Farbe in Augenhöhe an einer freien Wand. Betrachte sie eine Zeit lang in einem Abstand von einigen Schritten und beginne, im Raum herumzutanzen. Möchtest du auf der Stelle stehen bleiben, bewege Arme, Beine und Körper, um die Farbe zum Ausdruck zu bringen. Du wirst feststellen, dass die einzelnen Farben unterschiedliche Bewegungen in dir hervorrufen. Bewege dich völlig ungezwungen. Du erforschst die Farbe auf physischer Ebene, und jede einzelne Bewegung ist genau die richtige für dich. Aus diesem Grund sollte man alleine sein. Manche Farben werden dich sofort in Bewegung versetzen, während es bei anderen unendlich lange dauert, bis sie eine Reaktion hervorlocken.

Einige Farben mögen einen besonders starken Reiz in dir auslösen. Bringe diese Emotionen in einer Weise zum Ausdruck, in der du dich wohl fühlst. Vielleicht lachst oder weinst du, bist erregt, trauerst, fühlst dich euphorisch oder es tauchen längst vergessene Erinnerungen auf. Bewegungen können Einblicke aus dem Unterbewusstsein in den bewussten Geist tragen.

Halte inne, wann immer dir danach ist. Vielleicht möchtest du noch eine Weile über deine Erfahrungen nachsinnen, ehe du in den Alltag zurückkehrst. Da diese Übung sehr anregend wirkt, sollte sie spätestens zwei Stunden vor dem Zubettgehen durchgeführt werden.

Bisweilen verspüre ich das Verlangen, hinterher ein Mandala zu zeichnen oder ein Gedicht zu schreiben. Diese Übung vermag die Kreativität anzuregen. Doch ihr Hauptsinn liegt darin, die verschiedenen Farben in einer völlig anderen Weise zu erfahren.

DAS LOSLASSEN
SCHMERZHAFTER ERINNERUNGEN

Diese Visualisation bietet dir die Möglichkeit, die negativen Auswirkungen schmerzhafter Erinnerungen auszuradieren. Es kann sich um eine Beleidigung, Unterdrückung oder Verletzung seitens eines anderen Menschen handeln. Die Erinnerung selbst spielt keine Rolle. Diese Visualisation soll dazu beitragen, sie in der richtigen Perspektive zu sehen und sie loszulassen.

Suche dir einen ruhigen Platz, an dem dich niemand stört oder unterbricht. Mache es dir möglichst bequem, atme mehrmals tief durch und entspanne dich. Wenn du dich völlig entspannt fühlst, durchlebe in deinem Geist nochmals die schmerzliche Erfahrung. Versuche, sie möglichst objektiv zu betrachten.

Visualisiere die Farbe Rot. Wenn du sie klar vor deinen inneren Augen siehst oder sie dir vorzustellen vermagst, arbeite die Erinnerung erneut durch, aber betrachte sie diesmal durch einen roten Filter. Lasse die rote Farbe in ein Nichts verblassen. Atme dreimal tief durch und visualisiere die Farbe Orange und betrachte die Erinnerung durch einen orangefarbenen Filter. Wiederhole die Visualisation mit den Farben Gelb, Grün, Blau, Indigo und Violett.

Du wirst bemerken, dass sich die Erinnerung jedesmal in einer anderen Form zeigt. Einige Farben mögen den Schmerz verstärken, während andere ihn lächerlich und völlig unbedeutend erscheinen lassen. Wiederhole die Visualisation nur mit jenen Farben, die die Erinnerung bagatellisieren. Stelle sie dir zum Abschluss durch einen rosaroten und einen weißen Filter vor.

Du solltest dir die Erinnerung so lange täglich vor Augen führen, bis sie nicht mehr schmerzt. Beim ersten Mal wirst du erkennen, welche Farbe den Schmerz verstärkt. Es besteht kein Grund, sie erneut einzusetzen. Benutze nur jene Farben, die die Auswirkungen mildern und wende sie so oft an, bis sich der Schmerz vollkommen aufgelöst hat.

Jede Farbe ist wichtig, und wir können uns glücklich schätzen, in einer Welt voller lebendiger Farben leben zu dürfen. Natürlich werden dich manche Farben stärker ansprechen als andere. Es gibt auch spezielle Farben, zu denen du aufgrund deines Namens und deines Geburtsdatums eine besondere Beziehung hast. Es sind deine persönlichen Farben, denen wir uns im folgenden Kapitel zuwenden wollen.

Kapitel 3

Die persönliche Farbe

Deine Aura enthält alle Regenbogenfarben. In deinem Körper ist also das gesamte Farbspektrum vorhanden. Aber auch andere Farben spielen eine wichtige Rolle, die seit mehr als zweieinhalbtausend Jahren bekannt sind. Pythagoras stellte die Theorie auf, dass die Mathematik allem Leben zugrunde liegt. Heute kennt man den zu seiner Zeit hochgeachteten Mathematiker, Philosophen, Mystiker und Lehrer hauptsächlich aufgrund seiner mathematischen Lehrsätze.

Der pythagoräischen Numerologie zufolge gibt es drei wesentliche Zahlen, die den Menschen kennzeichnen und sich aus seinem Geburtsdatum und seinem vollen Geburtsnamen ergeben und ebenfalls mit den Farben in Zusammenhang stehen. Diese Zahlen lassen sich sehr einfach berechnen.

LEBENSZAHL

Diese Zahl kennzeichnet deine Aufgabe in diesem Leben. Sie bildet sich aus der Summe von Tag, Monat und Jahr deiner Geburt und wird auf eine einzige Ziffer reduziert. Es gibt zwei Ausnahmen. Die Zahlen 11 und 22 werden nicht weiter zerlegt. Nehmen wir die Zahl 43. Sie ergibt sieben, da vier und drei addiert werden. Bei der Zahl elf hingegen werden eins und eins nicht zusammengezählt.

Wurde jemand am 12. Juli 1973 geboren, berechnet sie sich folgendermaßen:

12 (Tag)

7 (Monat)

1973 (Jahr)

1992 1+9+9+2=21; 2+1=3

Die Lebenszahl heißt drei.

Geburtsdatum: 29. Februar

29 (Tag)

2 (Monat)

1944 (Jahr)

1975 1+9+7+5=22

Da die Zahl 22 nicht in eine 4 zerlegt wird, lautet die Lebenszahl 22.

Es wurde die Summe aus Geburtstag, Geburtsmonat und Geburtsjahr gebildet. Wird in einer Linie addiert, können die Zahlen 11 und 22 manchmal verlorengehen:

2+9 (Tag) +2 (Monat)+1+9+4+4 (Jahr)=31; 3+1=4

Aus der folgenden Aufstellung lässt sich ersehen, welche Farbe und welche Lebensaufgabe der jeweiligen Lebenszahl zugeordnet sind.

1. Rot: Menschen mit der Lebenszahl eins müssen lernen, auf eigenen Füßen zu stehen und unabhängig zu werden. Dann werden sie die Fähigkeit besitzen, als Pioniere und Anführer zu wirken.

2. Orange: Menschen mit der Lebenszahl zwei müssen mit anderen Menschen harmonisch zusammenarbeiten. Sie sind fürsorglich, liebevoll, intuitiv und höchst sensitiv.

3. Gelb: Menschen mit der Lebenszahl drei müssen sich in irgendeiner Weise zum Ausdruck bringen, gewöhnlich durch Singen, Tanzen, Schreiben oder Reden. Es sind positive, enthusiastische Menschen, die vor Lebensfreude sprühen.

4. Grün: Menschen mit der Lebenszahl vier müssen die Vorteile von System und Ordnung lernen. Sie stehen auf dem Boden der Tatsachen. Es sind begabte, hart arbeitende Menschen, die am effektivsten sind, wenn sie genau wissen, was sie tun.

5. Blau: Menschen mit der Lebenszahl fünf müssen ihre Freiheit konstruktiv nutzen. Es sind vielseitige, fähige Menschen, die Veränderung und Vielfalt lieben. Haben sie ihren Aufgabenbereich gefunden, sind sie in der Lage, große Fortschritte zu machen.

6. Indigo: Menschen mit der Lebenszahl sechs müssen Verantwortungsbewusstsein lernen. Es sind fürsorgliche, liebevolle Menschen, die anderen gerne helfen und oft im Dienstleistungsgewerbe tätig sind. Sie besitzen einen guten Geschmack und sind äußerst kreativ.

7. Violett: Menschen mit der Lebenszahl sieben müssen lernen, an Wissen und Weisheit zu wachsen. Es sind intuitive, spirituelle Menschen, die gerne alleine sind, um nachzudenken, zu meditieren und die Dinge zu erfassen.

8. Rosa: Menschen mit der Lebenszahl acht müssen lernen, mit den Anstrengungen und Vergnügungen der materiellen Welt fertig zu werden. Es sind ehrgeizige, praktisch veranlagte Menschen, die gewöhnlich nach Erfolg streben und den gewonnen Status und Lohn genießen.

9. Bronze: Menschen mit der Lebenszahl neun müssen die Freuden des Gebens erfahren. Sie sind tolerant, sympathisch, idealistisch, menschenfreundlich und geben anderen in vielerlei Weise. Ebenso wie drei und sechs birgt auch die Zahl neun großes Potenzial.

Die Zahlen elf und zweiundzwanzig werden in der Numerologie als Meisterzahlen bezeichnet, da Menschen mit dieser Lebenszahl die Fähigkeit besitzen, mehr zu erreichen als die meisten Leute. Gewöhnlich bedarf es jedoch einer langen Zeit, ehe sie ihr Potenzial konstruktiv verwirklichen können. Mit dieser Zahl ist immer eine gewisse Anspannung verbunden, was den Menschen am Anfang seines Lebens zurückhält. Aus diesem Grunde bedarf es gewöhnlich mehrerer Inkarnationen, ehe solche Menschen in der Lage sind, ihr wahres Potenzial zu leben.

10. Silber: Menschen mit der Lebenszahl elf besitzen ein besonderes Erkenntnis- und Wahrnehmungsvermögen, das den meisten fremd ist. Es sind intuitive, spirituelle Tagträumer, die immer wieder neue Ideen entwickeln und Pläne schmieden, sie aber selten zu Ende führen.

22. Gold: Menschen mit der Lebenszahl 22 besitzen die Fähigkeit, alles, was sie anstreben, zu erreichen. Sie sind praktisch, charismatisch und einfallsreich. Ihr Problem ist es zu lernen, die ihnen zur Verfügung stehende Kraft zu nutzen

und zu konzentrieren. Sie müssen lernen, ihre Gaben zum Wohle der gesamten Menschheit einzusetzen.

Die durch die Lebenszahl bestimmte Farbe kann sich nicht verändern, da das Geburtsdatum unveränderlich ist. Ob man die Farbe mag oder nicht, sie gehört zum Leben.

Es gibt noch eine zweite Farbe, die sich nicht ändern lässt. Sie wird durch den Geburtstag bestimmt, reduziert auf eine Ziffer (außer dem 11., 22. und 29. des Monats).

DIE PERSÖNLICHKEITSZAHL

Die beiden anderen wichtigen Zahlen der Numerologie sind die Zahl der Persönlichkeit und des Seelenplanes. Sie werden beide vom vollständigen Geburtsnamen abgeleitet. Die Zahl der Persönlichkeit offenbart deine natürlichen Fähigkeiten und die des Seelenplanes deine inneren Wünsche.

Zur Bestimmung dieser Zahlen werden die Buchstaben des vollständigen Geburtsnamens in Zahlen übertragen und anschließend auf eine einzige Ziffer reduziert (oder 11 oder 22).

1	2	3	4	5	6	7	8	9
A	B	C	D	E	F	G	H	I
J	K	L	M	N	O	P	Q	R
S	T	U	V	W	X	Y	Z	

```
B R A D L E Y   S E B A S T I A N   S M I T H
2 9 1 4 3 5 7   1 5 2 1 1 2 9 1 5   1 4 9 2 8
      31              27               24
       4               9                6
```

4+9+6=19; 1+9= 10; 1+0=1. Die Zahl des Ausdrucks für Bradley lautet 1. Er ist unabhängig, enthusiastisch und ehrgeizig. Rot ist seine Farbe und wird eine wichtige Rolle in seinem Leben spielen.

SEELENPLAN

Diese Zahl wird durch die Vokale des Namens bestimmt, indem sie ebenfalls auf eine einzige Ziffer reduziert wird (außer 11 und 22). Nehmen wir den Namen aus dem vorangegangenen Beispiel. In der Numerologie gilt der Buchstabe „Y" als Selbstlaut, wenn er nicht ausgesprochen wird oder Teil des Vokals bildet, was bei dem Namen Bradley der Fall ist. Das „Y" in Yolande wird ausgesprochen und daher bei der Berechnung nicht mit einbezogen. Es gibt Familiennamen, in denen der Buchstabe „Y" zweimal vorkommt, von denen der eine einen Selbstlaut bildet, der andere hingegen nicht.

```
B R A D L E Y   S E B A S T I A N   S M   I T H
1         5 7   5 1     9 1             9
      13              16               9
       4               7               9
```

4+7+9= 20; 2+0= 2

Die Zahl lautet zwei, was bedeutet, dass Bradley gerne mit anderen Menschen verkehrt und sich taktvoll und diplomatisch verhält. Die entsprechende Farbe ist orange.

GEBURTSTAG

Um das Bild abzurunden, nehmen wir an, Bradley sei am 4. August 1975 geboren. Seine Lebenszahl ist die Sieben. Seine Zahlen und Farben sind demnach:

Lebenszahl	7	Violett
Persönlichkeit	1	Rot
Seelenplan	2	Orange
Geburtstag	4	Grün

Diese Farben werden Bradley im Laufe seines Lebens begleiten. Wenn er an etwas arbeitet, das für sein Leben von Bedeutung ist, sollte er Violett verwenden. Strebt er ein bestimmtes Ziel an, wird ihn Rot dabei unterstützen. Möchte er einer Sache mehr Fröhlichkeit verleihen, wäre die Farbe Orange angebracht. Grün kann er jederzeit verwenden. Alle diese Farben wirken in seinem Fall anregend und belebend, da sie Teil seiner Natur sind.

Doch es ist unwahrscheinlich, dass jeder ihn bei seinem vollen Namen kennt. Vielleicht nennen ihn seine Freunde einfach Brad, während ihn seine Eltern mit Bradley anreden. Möglicherweise unterschreibt er mit „Bradley S. Smith". Jede Veränderung des Namens führt mit größter Wahrscheinlichkeit zu einer Veränderung der Persönlichkeits- und Seelenzahl und damit der Farbe. Als Brad Smith lautet die Ausdruckszahl vier und die der Seele eins. Dies erhöht die Farbe Grün und eliminiert Orange, was nicht unbedingt negativ sein muss, da die Farben seines vollständigen Geburtsnamens nicht völlig verschwinden. In der Numerologie heißt es, dass sich jeder seinen Geburtsnamen selbst aussucht, damit er diejenigen Erfahrungen macht, aus denen er in dieser Inkarnation lernen kann. Es spielt keine Rolle, wie oft Bradley seinen Namen ändert, die Grundfarben werden ihn stets begleiten.

Bradley S. Smith ergibt die Persönlichkeitszahl zwei und die Seelenzahl eins. Der Name passt zu ihm, da sich die Farben nicht verändern.

Nur wenige Menschen beschränken sich auf vier Farben, da die einzelnen Buchstaben des vollständigen Geburtsnamens zusätzliche Farben liefern. Schauen wir uns noch einmal Bradleys Namen an.

B R A D L E Y   S E B A S T I A N   S M I T H
2 9 1 4 3 5 7   1 5 2 1 1 2 9 1 5   1 4 9 2 8

Betrachten wir die einzelnen Ziffern, erkennen wir, dass alle Zahlen von eins bis neun vorhanden sind, ausgenommen der Zahl sechs, die mit Indigo in Zusammenhang steht. Dies bedeutet, dass Bradley die Farbe Indigo in sein Leben einbeziehen sollte, vielleicht in seiner Kleidung oder bei seinen Atemübungen. In jedem Fall wird er sich dann unbewusst vollkommener fühlen.

Bradley fehlt nur eine einzige Farbe. Einige Menschen besitzen Namen, die alle Farben enthalten, anderen wiederum fehlen drei, vier oder sogar mehrere Farben. Hier ist ein Beispiel:

W E N D Y   F O X
5 5 5 4 7   6 6 6

Wendy fehlen 1 (Rot), 2 (Orange), 3 (Gelb), 8 (Rosa) und 9 (Bronze). Natürlich mangelt es ihr nicht an allen Farben, denn ihre Persönlichkeitszahl ist acht und ihre Seelenzahl neun. Wendy könnte ihrem Leben Aufschwung verleihen, wenn sie beginnen würde, ihre fehlenden Farben (Rot, Orange und Gelb) in sich aufzunehmen.

Man kann noch einen Schritt weitergehen, indem man die Anzahl der einzelnen Ziffern des vollständigen Geburtsnamens betrachtet. Idealerweise sollten sie im Gleichgewicht stehen. Wenn ein oder zwei Farben auf Kosten der anderen überwiegen, birgt dies die Gefahr, ihre Eigenschaften eher negativ auszuleben. Das Gleiche trifft in gewissem Maße zu, wenn eine Farbe fehlt. Es handelt sich stets um Lektionen, die im Laufe des Lebens gelernt werden müssen. Manche Menschen begehen immer wieder denselben Fehler, bis sie schließlich die Lektion lernen, welche die jeweilige Farbe sie lehrt.

Es ist schwierig, festzustellen, ob eine Farbe im Gleichgewicht steht. Enthält der vollständige Geburtsname achtzehn Buchstaben, wäre das ideale Farbverhältnis folgendermaßen:

Rot   3
Orange 2
Gelb   2
Grün   2
Blau   2
Indigo 2
Violett 1
Rosa   2
Bronze 2

Hier die Bedeutung der einzelnen Farben in deinem vollständigen Geburtsnamen:

ROT

Liegt die Farbe Rot im Gleichgewicht vor, bist du zuversichtlich, selbstsicher und in der Lage, Projekte in Angriff zu nehmen. Du kannst dich auf dich selbst verlassen.

Bei fehlendem oder geringem Anteil mangelt es dir an Vertrauen und der Fähigkeit, Neues zu unternehmen. Unabhängig zu sein, fällt dir schwer.

Wenn Rot die übrigen Farben überwiegt, bist du wahrscheinlich aggressiv und zwingst anderen deine eigenen Bedürfnisse und Wünsche auf.

ORANGE

Befindet sich Orange im Gleichgewicht, kannst du gut mit anderen Menschen zusammenarbeiten, kooperativ sein und diplomatisch vorgehen. Du bist offen, ehrlich und selbstsicher.

Bei fehlendem oder wenig Orange bist du wahrscheinlich überempfindlich und kannst nur schwierig mit anderen Menschen zusammenarbeiten.

Wenn Orange die übrigen Farben übersteigt, wirst du äußerst emotional reagieren und dich allzu sehr auf andere verlassen.

GELB

Befindet sich Gelb im Gleichgewicht, bist du extrovertiert und gesellig und verstehst, dich gut auszudrücken.

Bei fehlendem oder geringem Gelb wirst du dich schwierig ausdrücken können, dich zurückziehen und sogar scheu sein. Du bist ängstlich und es fehlt dir an Enthusiasmus.

Wenn Gelb dominiert, magst du leichtfertig, prahlerisch und oberflächlich sein und das Vergnügen der Arbeit vorziehen.

GRÜN

Befindet sich Grün im Gleichgewicht, bist du in der Lage, nötigenfalls hart und gewissenhaft zu arbeiten.

Bei fehlendem oder geringem Grün wirst du harte Arbeit zu vermeiden suchen und wahrscheinlich unentschlossen sein und nicht auf Einzelheiten achten.

Sollte Grün dominieren, wirst du dich so in Einzelheiten und Kleinigkeiten verlieren, dass du das Gesamtbild aus den Augen verlierst.

BLAU

Befindet sich Blau im Gleichgewicht, wirst du Veränderung und Vielfalt lieben. Du bist großzügig und umgänglich und gehst mit deiner persönlichen Freiheit verantwortungsvoll um.

Bei fehlendem oder geringem Blau werden dir Veränderungen schwerfallen, und es wird dir an Vertrauen und Ehrgeiz mangeln.

Sollte die Farbe Blau im Vergleich zu den übrigen Farben überwiegen, wirst du zu Übertreibung neigen und ohne ersichtlichen Grund häufig Veränderungen vornehmen.

INDIGO

Befindet sich Indigo im Gleichgewicht, bist du in der Lage, Verantwortung zu übernehmen und zu tragen. Anderen Menschen zu helfen, wird dir große Freude bereiten.

Bei fehlendem oder geringem Indigo fällt es dir wahrscheinlich schwer, Verantwortung zu übernehmen, während du von deinen Mitmenschen Perfektion erwartest. Es bereitet dir Schwierigkeiten, anderen zu vertrauen.

Sollte die Farbe Indigo überwiegen, wirst du dich fast ausschließlich um Familie und häusliche Dinge kümmern.

VIOLETT

Bei einem ausgewogenen Violett wirst du verständnisvoll, mitfühlend und analytisch sein und dich für die geistigen Dinge interessieren.

Fehlt die Farbe Violett oder ist sie kaum vorhanden, bist du ungeduldig und wirst dich wenig für Religionssysteme interessieren. Wahrscheinlich folgst du deinem eigenen Glauben.

Überwiegt Violett, wirst du nach Weisheit, Wissen und Wahrheit suchen. Kaum jemand besitzt einen hohen Anteil an der Farbe Violett.

ROSA

Bei einem ausgewogenen Rosa wirst du dich zwar mit der materiellen Welt beschäftigen, aber einen Sinn für das richtige Maß und ein gesundes Selbstwertgefühl besitzen. Du bist in der Lage, deine Ideen umzusetzen.

Fehlt diese Farbe oder ist sie nur spärlich vorhanden, wird es dir schwerfallen, den wahren Wert der materiellen Welt zu schätzen, und du wirst wahrscheinlich nach Besitz und anderen Zeichen weltlichen Erfolgs streben. Es mangelt dir an Selbstwertgefühl.

Wenn Rosa überwiegt, werden dich allein Macht, Geld und weltlicher Erfolg motivieren. Du fühlst dich anderen Leuten gegenüber überlegen, die nicht auf der gleichen Ebene weltlichen Erfolgs stehen.

BRONZE

Befindet sich diese Farbe im Gleichgewicht, wird dir das allgemeine Wohl der Menschheit am Herzen liegen.

Liegt Bronze kaum oder gar nicht vor, fehlt es dir an Mitgefühl und Sorge für die Menschheit. Es mangelt kaum jemandem an der Farbe Bronze.

Überwiegt sie die übrigen Farben, wirst du unbeugsam, stur und entschlossen sein, deinen eigenen Weg zu gehen. Dem allgemeinen Wohl der Menschheit stehst du mit Abstand gegenüber.

GEHEIME WÜNSCHE

Die höchste Farbzahl bestimmt deine geheimen Wünsche und errechnet sich aus dem vollständigen Geburtsnamen. Da die meisten Menschen mehr „Blau" als andere Farben aufweisen, wird ihre Summe um zwei reduziert.

```
WE N D Y   F O X
5 5 5 4 7   6 6 6
```

Rot	0
Orange	0
Gelb	0
Grün	1
Blau	3
Indigo	3
Violett	1
Rosa	0
Bronze	0

Die beiden höchsten Zahlen in Wendys Name kennzeichnen Blau und Indigo. Da wir das Blau um zwei vermindern müssen, was eins ergibt, kennzeichnet die Farbe Indigo Wendys geheimsten Wunsch.

Ein weiteres Beispiel:

H A M I S H   D O N A L D   S I M M E R T O N
8 1 4 9 1 8   4 6 5 1 3 4   1 9 4 4 5 9 2 6 5

Rot   4
Orange 1
Gelb   1
Grün   5
Blau   3
Indigo 2
Violett 0
Rosa   2
Bronze 3

Hamishs geheimster Wunsch entspricht der Farbe Grün.

Hier ein Beispiel für jemanden, der zwei geheime Wünsche hegt:

S I M O N E   P A U L I N E   S M I T H
1 9 4 6 5 5   7 1 3 3 9 5 5   1 4 9 2 8
Rot   3
Orange 1
Gelb   2
Grün   2
Blau   4
Indigo 1
Violett 1
Rosa   1
Bronze 3

Von Blau, der höchsten Zahl, subtrahieren wir zwei. Es bleiben Rot und Bronze als höchste Zahlen übrig, was bedeutet, dass Simone zwei geheime Wünsche hegt.

BEDEUTUNG

- Rot: Der Wunsch nach Unabhängigkeit, Führung und Erfolg.
- Orange: Der Wunsch nach Zusammenarbeit, Harmonie und Gesellschaft.
- Gelb: Der Wunsch nach kreativem Selbstausdruck.
- Grün: Der Wunsch nach konstruktiver, detaillierter Arbeit.
- Blau: Der Wunsch nach Freiheit, Vielfalt und Wandel.
- Indigo: Der Wunsch nach Heim, Familie, Verantwortung und Ansehen.
- Violett: Der Wunsch nach Weisheit, Wissen und verborgenen Wahrheiten.
- Rosa: Der Wunsch nach materiellem Erfolg.
- Bronze: Der Wunsch nach universeller Liebe und ganzheitlichem Wissen.

TAGESFARBE

Die Bestimmung der Tagesfarbe erfolgt nach der gleichen Methode wie die Ermittlung der Lebensfarbe. Trage etwa einen Monat lang ein wenig davon, um ihre Wirkung zu spüren. Hierin liegt eine wunderbare Möglichkeit, mit der Kraft, den Gefühlen und dem Potenzial, die verschiedene Farben auf dich ausüben, zu experimentieren.

Bist du von Natur aus das Leben und die Seele jeden Geschehens, wirst du an violetten Tagen ruhiger und nachdenklicher sein. Bist du hingegen im Allgemeinen still und in dich gekehrt, wirst du an roten Tagen stärker aus dir herausgehen.

Nachdem du eine Weile mit den einzelnen Farben experimentiert hast, wirst du vielleicht beginnen, deine Garderobe farblich verändern zu wollen, damit sie dir hilft, diejenige Person zu werden, die du gerne sein möchtest. Es ist nichts Falsches oder Künstliches daran. Ein scheuer, zurückgezogener Mensch kann sein Vertrauen mit ein bisschen Rot oder Orange stärken. Ein wenig Gelb fördert den Intellekt.

Deine persönlichen Farben sagen zwar eine Menge über dich aus, geben aber nicht das Gesamtbild wieder. Deine Aura enthält alle Regenbogenfarben. Glücklicherweise kann jeder lernen, Auren zu sehen oder zu fühlen.

Kapitel 4

Du bist ein Regenbogen

Alle Dinge werden von einem unsichtbaren Energiefeld, der sogenannten Aura, umgeben. Jene, die sie zu sehen vermögen, sind in der Lage, in ihr den Charakter, die Gemütsstimmung und den Gesundheitszustand eines Menschen zu erkennen. Die Aura offenbart unsere physische, mentale und geistige Verfassung. Der Begriff *Aura* leitet sich von dem griechischen Wort *avra* ab, was „Hauch" bedeutet. Das russische Ehepaar Semyon und Valentina Kirlian vermochte als erste die Aura zu photographieren und bewies damit die Existenz von etwas, das hellsichtige Menschen seit Tausenden von Jahren kennen.

Der Körper wird nicht von der Aura umgeben, sondern bildet im Grunde genommen seine Ausdehnung. Manche Menschen sehen es umgekehrt und vertreten die Ansicht, dass der physische Körper durch das Energiefeld und dieses wiederum durch unser Bewusstsein geschaffen wird. Die Kirlian-Photographie untermauert dieses Argument. Denkst du an etwas, das dich verärgert, und photographierst deine Hand, entsteht ein völlig anderes Bild, als wenn du an etwas denkst, das du liebst.

Die Ausdehnung der Aura hängt von der geistigen Entwicklung der Person sowie ihrem Energiepegel ab. Buddha besaß eine Aura, die sich angeblich achtzig Kilometer weit erstreckte. Im Sonnenlicht dehnt sich die Aura aus, während sie sich im Haus zusammenzieht. In völliger Dunkelheit schrumpft sie noch stärker, verschwindet aber niemals vollständig.

CHAKRAS

Die Aura ist mit dem physischen Körper über sieben Energiezentren, die sogenannten Chakras, verbunden. Diese Kraftzentren liegen entlang der Wirbelsäule. Der Begriff *chakra* stammt aus dem Sanskrit und bedeutet „Rad". Der Name trifft zu, denn Hellseher nehmen die Chakras als sich drehende Energiescheiben wahr, von denen jedes einzelne mit einer bestimmten Regenbogenfarbe in Verbindung steht. Die menschliche Aura enthält demnach alle Regenbogenfarben.

DIE AURA FÜHLEN

Manchen Menschen ist es gegeben, von Natur aus Auren zu sehen. Es handelt sich dabei jedoch um eine Fähigkeit, die jeder erlernen kann. Gewöhnlich ist es besser, die Aura zunächst zu erfühlen. Sobald dir dies gelingt, wird es dir weniger Schwierigkeiten bereiten, den Blick für sie zu entwickeln.

Entspanne dich, reibe einige Sekunden lang deine Handflächen und halte sie etwa in einem Abstand von dreißig Zentimetern. Vielleicht spürst du vage das Energiefeld zwischen ihnen, besonders in der Mitte der Handflächen und in den Fingerspitzen. Bewege die Hände langsam aufeinander zu. An einem bestimmten Punkt magst du einen leichten Widerstand bemerken, und zwar in dem Moment, in dem die beiden Auren aufeinandertreffen. Für mich fühlt es sich wie ein weicher Ball an. Doch jeder empfindet es anders. Im Laufe der Jahre haben meine Schüler die unterschiedlichsten Beschreibungen gegeben. Gewöhnlich empfinden sie einen schwachen Widerstand, ein Prickeln oder Wärme. Manche Leute erfahren das Gegenteil und fühlen eine Art Kälte.

Hast du den Begegnungspunkt der Auren gespürt, führe die Hände weiter zusammen. Du wirst bemerken, dass der Widerstand weicht, sobald die beiden Auren ineinander übergehen. Halte die Hände einige Sekunden lang zusammen und ziehe sie langsam wieder auseinander. Du wirst eine gewisse Kühle auf deinen Handflächen und Fingerspitzen spüren, wenn die Auren sich trennen.

Wiederhole die Übung, indem du die Handflächen langsam gegeneinander führst, bis du die Aura fühlst und sie wieder voneinander fortbewegst und die Kühle spürst.

CHAKRAS FÜHLEN

Versuche anschließend, die Chakras zu fühlen. Da es sich bei ihnen sozusagen um Batterien handelt, ist deine eigene elektromagnetische Energie an diesen Punkten besonders stark und du vermagst sie mit der Hand zu ertasten. Wahrscheinlich wirst du dich wundern, warum du diese zusätzliche Energie niemals zuvor bemerkt hast.

Die sieben Chakras sind im Ätherkörper entlang der Wirbelsäule aufgereiht.

1. Das Wurzel-Chakra liegt an der Wirbelsäulenbasis.
2. Das Sakral-Chakra liegt auf halber Höhe zwischen dem Schambein und dem Nabel.
3. Das Sonnen-Chakra hat seinen Sitz auf der Ebene des Solarplexus.

4. Das Herz-Chakra liegt zwischen den Schulterblättern auf gleicher Höhe mit dem Herzen.
5. Das Kehlkopf-Chakra liegt in Höhe des Kehlkopfes.
6. Das Stirn-Chakra liegt etwas oberhalb zwischen den Augenbrauen.
7. Das Kronen-Chakra liegt auf dem Scheitel.

Die unwillkürliche Reaktion einiger Chakras wirst du wohl schon früher wahrgenommen haben. Wenn du von Emotionen überwältigt wurdest, hast du vielleicht etwas in deinem Herzen gefühlt. Es ist dein Herz-Chakra. Bist du unfähig zu reden, weil dir ein Kloß im Hals sitzt, ist es auf dein Kehlkopf-Chakra zurückzuführen. Das Herz-Chakra lässt sich am einfachsten erkennen. Halte deine Hand etwa dreißig Zentimeter von der Brust entfernt und führe sie immer näher heran. Sobald du einen leichten Widerstand spürst, halte inne. Ziehe die Hand so weit zurück, bis der Widerstand weicht, und führe sie erneut zum Brustkasten, bis du diesen Widerstand wieder spürst. Hast du dein Herz-Chakra deutlich gefühlt, kannst du beginnen, seine Größe und Form zu bestimmen. Es gleicht einem Kegel oder einer Trompete und fühlt sich überraschend fest an. Beginne anschließend, die übrigen Chakras zu untersuchen.

MIT EINEM PARTNER ZUSAMMENARBEITEN

Führst du diese Übungen mit einem gleichgesinnten Partner durch, wirst du schneller Fortschritte machen. Ein Freund eignet sich gewöhnlich besser als ein Familienmitglied, da dieses sich eher verpflichtet fühlt, als wirkliches Interesse zu bekunden.

Bitte deinen Freund, sich bequem auf einen Stuhl zu setzen. Stelle dich hinter ihn und halte deine Hände in einer Entfernung von etwa dreißig Zentimeter zu beiden Seiten seines Kopfes. Führe sie langsam näher heran, bis du einen Widerstand spürst. Überprüfe ihn, indem du die Hände vor und zurück bewegst. Der Freund wird es meistens fühlen, wenn du seine Aura berührst.

Sobald du sie gefunden hast, versuche, sie mit den Händen in allen Richtungen auszumachen. An diesem Punkt sollten die Rollen vertauscht werden, damit dein Freund die gleichen Entdeckungen machen kann.

Nachdem ihr beide die Aura des anderen gefühlt habt, suche nach den Chakras. Bitte den Freund, sich hinzulegen, am besten auf den Rücken, und die Augen zu schließen. Dicke Kleidungsstücke sollten zuerst entfernt werden.

Der Freund wird nicht sehen, was du machst, dich gewöhnlich aber darauf hinweisen, wenn du ein Chakra berührst, was beweist, dass ihr euch auf dem richtigen Weg befindet.

Dieses Vorgehen dient dazu, ein Gespür für die Aura als solche zu bekommen. Vielleicht hast du sogar ihre Farben intuitiv erfasst, ohne sie zu sehen.

AUREN SEHEN

Lege deine beiden Zeigefinger aneinander und betrachte sie etwa zehn Sekunden lang. Bewege sie langsam voneinander fort. Du wirst einen zarten, kaum wahrnehmbaren Energiefaden erkennen, der die beiden Fingerspitzen verbindet. Am Anfang wird der Faden wahrscheinlich kurz darauf verschwinden. Doch mit ein wenig Übung wird es dir gelingen, die feine Energielinie zu sehen, obwohl du die Finger immer weiter voneinander entfernst. Bereitet es dir Schwierigkeiten, halte sie im Halbdunkel über ein weißes Papier. Einige meiner Schüler bevorzugen einen recht dunklen Hintergrund. Finde selbst heraus, was sich für dich am besten eignet.

Im nächsten Schritt lege die Fingerspitzen beider Hände aneinander und beobachte die sie verbindenden Energiefäden. Arbeitest du mit einem Partner, versuche, die Fäden zwischen seinen Fingerspitzen zu sehen.

Berühren deine Fingerspitzen die deines Freundes, wirst du die feinen Energielinien wahrnehmen, wenn du deine Finger allmählich zurückziehst.

Auch die nächste Übung wird mit den Händen durchgeführt. Stelle dich im Halbdunkel und in einiger Entfernung mit dem Gesicht vor eine einfarbige Wand. Strecke deine rechte Hand mit nach oben gespreizten Fingern aus. Blicke zwischen ihnen hindurch auf die Wand. Konzentriere dich nur auf die Wand, nicht auf deine Finger. Nach einigen Augenblicken wirst du die Aura entdecken, die deine Hand umgibt. Wahrscheinlich wird sie dir als ein unsichtbarer, grauer Dunstschleier erscheinen. Konzentriere dich auf diese Aura. Sollte sie in diesem Moment verschwinden, konzentriere dich erneut auf die Wand, bis die Aura wieder erscheint. Vielleicht musst du den Vorgang mehrmals wiederholen, ehe du die Aura anschauen kannst, ohne dass sie verblasst. Sobald es dir gelingt, blicke auf deine Fingerspitzen und nimm die feinen Energieströme wahr, die von ihr ausgehen. Es wird dir auffallen, dass sich die gesamte Aura fortwährend bewegt.

Wenn du die Aura, die deine rechte Hand umgibt, deutlich zu sehen vermagst, wiederhole den Vorgang mit der linken Hand und mit anderen Körperteilen. Am unbekleideten Körper lässt sich die Aura klarer erkennen.

Viele Leute sind enttäuscht, wenn sie ihre Aura zum ersten Mal sehen, da sie herrliche Farben erwartet haben. Mit Entfaltung der hellseherischen Fähigkeiten werden sich diese einstellen. Den meisten Menschen erscheint die Aura am Anfang nahezu farblos. Das Farbbewusstsein entwickelt sich erst mit der Zeit.

Kannst du deine eigene Aura sehen, solltest du versuchen, sie bei deinem Partner wahrzunehmen. Bitte ihn, sich in einiger Entfernung vor eine einfarbige Wand zu stellen. Betrachte die Wand hinter ihm und du wirst seine Aura in der gleichen Weise erkennen, wie die Aura um deine Hand. Es bedarf keiner großen Anstrengung. Konzentriere dich auf die Wand und gib der Aura deines Freundes die Möglichkeit, sich zu zeigen.

Zunächst wirst du den schwachen Dunstschleier nur um seinen Kopf und seinen Hals wahrnehmen, da die Kleidung einschränkend wirkt.

Konzentriere dich auf die Aura. Verschwindet sie, konzentriere dich auf die Wand, bis die Aura wieder erscheint und versuche es nochmals. Wiederhole den Vorgang, bis es dir gelingt, die Aura im Einzelnen zu untersuchen. Sie schimmert und bewegt sich. Berühre sie. Sollte sie in diesem Augenblick verschwinden, kehre zu deiner Ausgangsposition zurück und versuche es erneut. Wenn du sie schließlich berührst, wirst du feststellen, dass sie sich genauso anfühlt wie vorher, als du sie nicht sehen konntest. Drückst du dagegen, bemerkst du den Widerstand. Verstärkst du den Druck, kannst du in die Aura eindringen.

Fühle die Aura deines Freundes an unterschiedlichen Körperstellen. Schenke den Chakras besondere Beachtung und spüre, wie rasch sie sich drehen, weshalb man sie auch als „Räder" bezeichnet.

Da du nun die Aura zu sehen vermagst, bitte deinen Freund, an etwas zu denken, das ihn verärgert. Achte auf die Veränderungen. Vielleicht zieht sich die Aura zusammen oder nimmt einen schmutzig roten Farbton an. Verfolge den Wandel, indem du den Freund bittest, er möge sich glückliche oder traurige Ereignisse ins Gedächtnis rufen.

Ein anderes interessantes Experiment wäre der Besuch in einem geschäftigen Einkaufszentrum. Gehe einige Schritte hinter deinem Freund her und versuche, in diesem Umfeld seine Aura zu erkennen. Es wird weitaus schwieriger sein. Sollte es dir gelingen, wirst du auch die Aura anderer Leute wahrnehmen.

Übe möglichst intensiv. Jeder ist unterschiedlich veranlagt. Einigen Leuten fällt es leicht, Auren zu sehen, bei anderen hingegen dauert es seine Zeit. Werde nicht ungeduldig, wenn es länger dauert, als du erwartet hast. Wichtig ist, dass dir die Übungen Freude bereiten. Der spielerische, unbekümmerte Annäherungsversuch ist erfolgreicher als grimmige Entschlossenheit. Experimentiere in unterschiedlichen Umgebungen und unter verschiedenen Lichtbedingungen. Mit der Zeit wirst du lernen, Auren zu sehen, wann immer du möchtest.

Diese Fähigkeit erweist sich als ausgesprochen nützlich. Du kannst die Gemütslage eines Menschen an seiner Aura ablesen und erkennen, wann er lügt. Doch das Wichtigste ist die Gesundheit. Die gesundheitliche Verfassung zeigt sich in der Aura oft lange bevor sich die Person irgendeines Problems bewusst ist.

Kapitel 5

Farbheilung

In den ägyptischen Tempeln der Antike haben Archäologen Räume entdeckt, in denen die Sonnenstrahlen gebrochen wurden, um Regenbögen hervorzurufen. Die Patienten hielten sich jeweils in dem Raum mit derjenigen Farbe auf, die sie benötigten. Daraus lässt sich ersehen, dass die Grundzüge der Farbheilung bereits vor Tausenden von Jahren bekannt waren.

Auch in Indien verwendet man seit Jahrtausenden diese Heilmethode, um die Aura und die Chakras zu behandeln. In einem der heiligen Texte, der *Kurma Purana*, wird der Schöpfer der Welt als „Großvater" bezeichnet. Man stellt ihn sich als Millionen von Lichtstrahlen vor, die in jeden Winkel des Universums strahlen und Licht und Leben schenken.

In der chinesischen Medizin ist die Farbheilung seit jeher bekannt.

Die von Pythagoras und Hippokrates formulierten Grundsätze der Farbheilung blieben bis zum Mittelalter unangefochten.

Der arabische Arzt Avicenna (ca. 980-1037) verfasste einen *Medizinkanon*, in dem er sein System der Farbtheorie darlegte. Er beschreibt Tränke aus roten Blumen für Menschen mit Blutstörungen und solche aus gelben Blüten für Patienten, die unter Gallenbeschwerden leiden.

Während der Renaissance setzte Theophrastus Bombastus von Hohenheim (1493-1541), besser bekannt unter dem Namen Paracelsus, bei seiner medizinischen Behandlung Licht und Farben in großem Umfang ein.

Doch der Schwerpunkt der Medizin veränderte sich allmählich. Ab dem neunzehnten Jahrhundert behandelten die Ärzte allein den physischen Körper und ignorierten die geistigen und spirituellen Aspekte ihrer Patienten.

Bis in die Siebziger Jahre des neunzehnten Jahrhunderts ging es mit der Farbtherapie bergab, als in Amerika drei bedeutende Bücher erschienen. Das erste hieß *Blue und Sun-lights* von Augustus Pleasanton und wurde im Jahre 1876 veröffentlicht. Der Autor behauptet, Tiere und Menschen geheilt zu haben, indem er sie blauem Licht aussetzte. Trotz der Beliebtheit dieses Buches wurde es von der orthodoxen Medizin ignoriert. Ein Jahr später veröffentlichte ein berühmter Arzt mit Namen Dr. Seth Pancoast ein Buch mit dem Titel *Blue and Red Lights*, das die Prinzipien der Farbheilung untermauert.

Im Jahre 1878 verfasste Edwin S. Babbitt sein Monumentalwerk *The Principles of Light and Color*. Dieses Buch erwies sich als höchst erfolgreich. Es verärgerte die medizinische Fakultät, aber das allgemeine Publikum sah in Edwin Babbitt einen Wundertäter. Es entstanden verschiedene Schulen für Farbtherapie, die teilweise heute noch existieren. Edwin Babbitt hielt Rot, Blau und Gelb für die wesentlichen Haupttheilfarben. Er vertrat die Ansicht, dass jede Farbe eine Komplementärfarbe besitzt, die zur Belebung der Gesundheit des Patienten eingesetzt werden kann. Zeigte sich jemand besonders feindselig und aggressiv, pflegte er ihm mehrere Behandlungen mit grünem Licht zu verschreiben, um ihn zu beruhigen. Grün ist die Komplementärfarbe von Rot, und zu den negativen Zügen der Farbe Rot gehört die Aggression.

Man darf Edwin Babbitt wohl als den Urheber der modernen Farbheilung bezeichnen. Sein Buch befindet sich noch heute im Handel, und sein Einfluss auf spätere Generationen von Farbtherapeuten darf nicht übersehen werden.

Der indische Wissenschaftler Dinshah P. Ghadiali übte mit seinem Werk *Spectro-Chrome Metry Encyclopedia*, das 1933 erschien, ebenfalls einen immensen Einfluss aus. Er entdeckte, dass jedes Körperorgan durch eine spezielle Farbe belebt oder gehemmt werden kann. Weiß man, um welches erkrankte Organ es sich handelt und kennt die Farbe, die es wieder ins Gleichgewicht zu bringen vermag, kann man es heilen.

Die Farbforschung wird in der heutigen Zeit fortgesetzt. Organisationen wie der Internationale Farbverband stellen sicher, dass praktizierende Farbtherapeuten die entsprechende Ausbildung erhalten.

Obwohl es sich immer noch um ein umstrittenes Thema handelt, gewinnt die Farbtherapie erneut ihren Stellenwert als wertvolles Mittel, um Körper, Geist und Seele zu heilen.

Sie stützt sich auf das Prinzip, dass die Energien einzelner Körperbereiche belebt werden können, wenn man diese einer bestimmten Farbe aussetzt, was zur Heilung führt. Einige der seit langem bestehenden Überzeugungen der Farbtherapeuten werden heute wissenschaftlich untermauert. Der amerikanische Psychologe Dr. Robert Gerard befasste sich mit der Wirkung von Farben auf die menschliche Psyche. In seiner Abhandlung zu diesem Thema heißt es, dass Rot den Blutdruck, die Atemfrequenz, das Augenflimmern und die Hirnwellen erhöht, Blau hingegen erniedrigt.

Die Farbheilung erfolgt zum größten Teil über die Aura, vor allem über die Chakras. Obwohl es sich bei den Chakras um Bewusstseinsaspekte handelt, üben sie einen wesentlichen Einfluss auf die physischen Funktionen aus.

Wenn jemand seelisch, körperlich und geistig gesund ist, wird seine Aura vor Vitalität und Energie buchstäblich glühen. Jede Unausgewogenheit in diesen drei Bereichen kann man in ihr deutlich erkennen. Unfälle lassen sich nicht immer vermeiden, aber abgesehen davon werden die meisten Krankheiten durch jahrelanges negatives Denken hervorgerufen. Dies zeigt sich in der Aura lange bevor es der physische Körper zum Ausdruck bringt. Unsere mentale und emotionale Verfassung wirkt sich fortwährend in positiver oder negativer Weise auf unsere Aura aus. Während der Behandlung ihrer Patienten verändert sich das Energiefeld des Farbtherapeuten ebenfalls. Die Aura der Geistheilerin Ethel de Loach soll sich in dem Augenblick geändert haben, in dem sie die Sitzung begann. Die blauen Lichtströme, die ihre Hände umflossen, verwandelten sich gewöhnlich in ein lebendiges orangefarbenes Glühen.

Im Laufe der Jahre hat man die Heileigenschaften der einzelnen Farben entdeckt.

ROT

Rot wirkt anregend und belebt den gesamten Körper. Es aktiviert das Blut und die Sinne und kann daher bei allen Erkrankungen, welche die Sinnesorgane betreffen, eingesetzt werden. Außerdem hilft es bei Muskel- und Leberbeschwerden.

Zu den Krankheiten, die positiv auf die Farbe Rot reagieren, gehören: Anämie, Asthma, Bronchitis, Erkältungen (ohne Fieber), Kreislaufbeschwerden, Verstopfung, Depressionen, Probleme der endokrinen Drüsen und der Fortpflanzungsorgane, Lähmungserscheinungen, Lungenentzündung, Tuberkulose und Venenentzündung.

ORANGE

Orange stimuliert den Stoffwechsel, die Verdauung und die Sexualenergie und fördert die athletische Leistung. Es schenkt ein Gefühl von Wohlbefinden und Zufriedenheit.

Zu den Krankheiten, die positiv auf die Farbe Orange reagieren, gehören: Asthma, Blasenbeschwerden, Bronchitis, chronische Erschöpfung, Erkältungen, Depressionen, Probleme der Ausscheidungsorgane, Epilepsie, Nieren- und Lungenerkrankungen, Rheumatismus, Tumoren und Beschwerden des Harntrakts.

GELB

Gelb wirkt als Energielieferant für die Muskulatur, das Nervensystem und das Gehirn. Es stimuliert und reinigt das Blut- und Lymphsystem. Es klärt die Leber, den Darm und die Haut und stimmt den Körper fröhlich und positiv.

Zu den Krankheiten, die positiv auf die Farbe Gelb reagieren, gehören: Verstopfung, Diabetes, Verdauungsstörungen, Ekzeme, Blähungen, Magenverstimmungen, Nierenprobleme, Lähmungserscheinungen, Hämorrhoiden, Rheumatismus und Erkrankungen der Milz.

GRÜN

Grün regt das Knochen- und Muskelwachstum an. Es löst Verspannungen und dämpft die Emotionen. Es wirkt beruhigend und schenkt Frieden und Ruhe. Grün ist ein natürliches Tonikum.

Zu den Krankheiten, die positiv auf die Farbe Grün reagieren, gehören: Asthma, Rückenschmerzen, Koliken, Heufieber, Kopfschmerzen, Kopfgrippe, Herzbeschwerden, Bluthochdruck, Kehlkopfentzündung, Malaria, Neuralgie, Hämorrhoiden, Typhus, Geschwüre und Venenerkrankungen.

BLAU

Die kühlende Eigenschaft des Blau bringt entzündete Organe wieder ins Gleichgewicht. Blau besänftigt die Emotionen und entspannt den Geist.

Zu den Krankheiten, die positiv auf die Farbe Blau reagieren, gehören: Schlaganfall, Gallenerkrankungen, Darmbeschwerden, Verbrennungen, grauer Star, Windpocken, Koliken, Zwölffingerdarmgeschwür, Ruhr, Epilepsie, fieberhafte Erkrankungen, Magen-Darmbeschwerden, Kropf, Kopfschmerzen, Schlaflosigkeit, Gelbsucht, Kehlkopfentzündung, Masern, Kinderlähmung, Hautausschlag, Nierenprobleme, Rheumatismus und Halsentzündung.

INDIGO

Indigo wirkt kühlend und als Adstringens. Es reinigt das Blut.

Zu den Krankheiten, die positiv auf die Farbe Indigo reagieren, gehören: Blinddarmentzündung, Asthma, Bronchitis, grauer Star, Verdauungsstörungen, Ohrenprobleme (einschließlich Taubheit), Augenerkrankungen, Überfunktion der Schilddrüse, Lungenprobleme, Nervenerkrankungen, Nasenbluten, Lähmungen, Lungenentzündung, Kehlkopfbeschwerden, Mandelentzündung und Keuchhusten.

VIOLETT

Violett stärkt und reinigt das Blut. Es regt die Milz an und fördert das Knochenwachstum.

Zu den Krankheiten, die positiv auf die Farbe Violett reagieren, gehören: Blasenbeschwerden, Gehirnerschütterung, Krämpfe, Epilepsie, Schlaflosigkeit, Nierenprobleme, Neuralgien, Nervenerkrankungen, Rheumatismus, Ischias, Hautprobleme und Tumoren.

Die Diagnose erfolgt in unterschiedlicher Weise. Farbtherapeuten, die Auren zu sehen vermögen, können die Beschwerden ihrer Patienten in der Aura ablesen. Häufig nehmen sie ein Pendel zur Hilfe, um festzustellen, welche Farbe sich am günstigsten auswirkt.

Es gibt eine Vielfalt von Anwendungsmöglichkeiten. Farbtherapeuten lassen farbiges Licht auf die erkrankte Körperstelle scheinen. Die Lampen enthalten spezielle Quarzfilter, die Farben verschiedener Wellenlänge und Frequenz erzeugen.

Verschiedenfarbige Öle und Blütenessenzen kommen ebenfalls zum Einsatz. Der britische Arzt Edward Bach teilte seine Blütenessenzen in sieben Gruppen ein, von denen jede mit einer Farbe in Zusammenhang steht.

Manchmal wird Wasser in farbige Gläser gefüllt und für vier Stunden dem Sonnenlicht ausgesetzt. Das behandelte Wasser hält sich im Kühlschrank bis zu vier Wochen lang. Trinkt der Patient davon, kommt ihm dessen Heilkraft zugute.

Manchmal werden Kristalle von unterschiedlicher Farbe auf den Körper des Patienten gelegt oder der Kranke wird angewiesen, bestimmte Kleiderfarben zu tragen, um die Heilung zu fördern.

Es besteht die Möglichkeit, Farben, die in der Aura nur spärlich vorhanden sind oder völlig fehlen, über die entsprechend farbig zusammengestellte Nahrung auszugleichen oder zu ersetzen. Fleisch, Rote Beete, Paprika, Weintrauben und rote Früchte liefern die Farbe Rot. Orange kann über Orangen, Karotten, Kürbis, Mais und Aprikosen aufgenommen werden. Gelb erhält man von Butter, Eigelb, Grapefruit, Melonen und gelben Gemüse- und Früchtesorten und Grün von grünem Gemüse und Früchten. Blaubeeren und Pflaumen liefern die Farbe Blau und Trauben, Pflaumen, Blaubeeren und Brombeeren die Farbe Indigo. Violett erhält man aus Runkelrüben, Auberginen, Trauben, Brombeeren sowie violettem Broccoli und Spargel.

Einige Heiler visualisieren die Farbe, die sie auf ihren Patienten übertragen. Diese Methode wandte Swami Panchadasi vor fast einhundert Jahren an. In seinem Buch *The Human Aura* beschreibt er den Vorgang: „Einen nervösen, entnervten Patienten taucht man mental in ein violettes oder fliederfarbenes aurisches Farbbad. Um eine müde, völlig erschöpfte Person neu zu beleben, sollte man sie mit strahlendem Rot überfluten, gefolgt von lichten, satten Gelbtönen und abschließend den gleichbleibenden Strom eines warmen Orange auf ihn lenken." Zum Abschluss der Sitzung umgibt man den Patienten mit strahlend weißem Licht. „Dieser Vorgang wird den Kranken in einen inspirierten, erhobenen und erhellten Zustand versetzen, der ihm zum Vorteil gereicht, und den Heiler selbst mit kosmischer Energie stärken."

Wenn nötig, kann man diesen Vorgang auch selbst durchführen. Fühlst du dich erschöpft, stelle dir vor, du atmest die Farbe

Rot ein. Bist du überlastet und vermagst dich nicht zu entspannen, atme Grün ein. Die Farbatmung sollte möglichst vor oder nach dem Frühstück geschehen. Die zweitbeste Zeit für diese Übung wäre vor oder unmittelbar nach dem Abendessen.

Wenn du die ersten drei Farben (Rot, Orange und Gelb) einatmest, solltest du sie aus der Erde in deinen Körper einströmen sehen, während die Farbe Grün von der Seite in den Solarplexus einfließen wird. Die drei letzten Farben (Blau, Indigo und Violett) strömen vom Scheitel in deinen Körper.

HEILUNG ÜBER DIE CHAKRAS

Viele Krankheiten sind darauf zurückzuführen, dass jemand seine Gefühle verdrängt, wenn er eine unangenehme Erfahrung gemacht hat, was die Funktion des betroffenen Chakras einschränkt oder völlig aufhebt. Die Farbe und die Emotionen, die mit diesem Chakra in Zusammenhang stehen, werden nicht absorbiert, sondern wieder in die Welt hinausgesendet. Jemand, der sein Wurzel-Chakra (Rot) verschlossen hat, wird seinen Ärger und seine Wut auf andere Menschen projizieren und „rotsehen". Hat jemand sein Hals-Chakra (Blau) verschlossen, wird er keiner vernünftigen Kommunikation mehr fähig sein und „Blau" erscheinen.

Wurzel-Chakra – Rot

Das Wurzel-Chakra bezieht sich auf Sicherheit und Fortbestand. Es verbindet uns mit der Erde. Ist es gesund und befindet sich im Gleichgewicht, fühlt sich die Person sicher. Es steht auch mit der Mutter in Zusammenhang. Jemand, der sich von seiner Mutter getrennt fühlt, wird eine gewisse Unsicherheit empfinden. Anspannungen und Stress rufen ebenfalls Unsicherheit und Ängste hervor.

Das Wurzel-Chakra steht mit den Beinen, dem Knochengerüst

und dem Ausscheidungssystem in Verbindung. Verkrampft es sich, werden diese Bereiche zu Problemzonen.

Alles, was die Beine in Bewegung setzt, wie Wandern, Laufen oder Springen, regt das Wurzel-Chakra an. Sich auf einen Stuhl mit senkrechter Lehne zu setzen, die Füße flach auf dem Boden und die Beine nach unten zu drücken, wirkt ebenfalls stimulierend auf dieses Chakra.

Milz-Chakra – Orange

Das Milz-Chakra steht mit dem Vergnügen in Zusammenhang und befasst sich mit dem unteren Rückenabschnitt und den Organen des Unterbauchs (Dickdarm, Blase und Fortpflanzungsorgane). Es sorgt für den körperlichen Flüssigkeitshaushalt und bezieht sich auf den Geschmackssinn.

Menschen, denen es schwerfällt, ihre Gefühle zum Ausdruck zu bringen, leiden oft unter Schmerzen des unteren Rückenabschnitts, unter Verstopfung, Impotenz, schmerzhaften oder unregelmäßigen Menstruationen und Arthritis. Bei Personen, die sich unterdrückt fühlen oder emotional leiden, ist wahrscheinlich das Milz-Chakra blockiert. Überempfindliche oder emotional von ihren Mitmenschen abhängige Leute werden oft Schwierigkeiten mit diesem Chakra haben. Alle vergnüglichen Aktivitäten wirken belebend auf das Milz-Chakra. Empfindest du keine Freude im Leben, schwingt es wahrscheinlich nicht im Gleichgewicht. Unternimm irgendetwas, das dir Vergnügen bereitet, dich zufriedenstellt oder glücklich macht. Jede schöpferische Tätigkeit wirkt anregend.

Solarplexus-Chakra – Gelb

Wenn das Solarplexus-Chakra richtig arbeitet, fühlt man sich mit sich selbst und dem, was man ist, zufrieden. Hier liegt der Sitz persönlicher Macht. Wird diese bedroht oder einem weggenommen, leiden die von diesem Chakra beherrschten Bereiche darunter. Meistens sind es Schuld- und Schamgefühle, die es erschöpfen.

Das Solarplexus-Chakra steht mit dem Muskelapparat, dem Augenlicht, der Haut und den in seiner Nähe liegenden Organen, wie Magen und Gallenblase, in Zusammenhang.

Der Aufenthalt im Sonnenlicht regt das Solarplexus-Chakra an. Positive und unterstützende Gedanken zu hegen, die einen selbst betreffen, hebt das Selbstwertgefühl und stimuliert dieses Energiezentrum.

Herz-Chakra – Grün

Es überrascht nicht, dass das Herz-Chakra mit Gefühlen der Liebe und der Beziehung zu Menschen in Zusammenhang steht, die dir am nächsten stehen.

Es sorgt für das Wohlbefinden des Herzens, der Lungen, des Immunsystems und der Blutzirkulation. Bei einem im Gleichgewicht stehenden Herz-Chakra wirst du dich selbst annehmen und deine Mitmenschen so akzeptieren, wie sie sind. Du wirst verständnisvoll und tolerant sein und dich wohl kaum von unsicheren Leuten bedroht fühlen, die ihr Umfeld zu beherrschen versuchen.

Fühlt man sich unsicher, ungeliebt oder wenig liebenswert, können Atembeschwerden (da dieses Chakra mit dem Element Luft in Zusammenhang steht) oder Schwierigkeiten mit dem Immunsystem auftreten.

An die besonderen Menschen in seinem Leben zu denken, stimuliert das Herz-Chakra, als wenn man jedem Menschen freundlich und mitfühlend gegenübertreten würde. Das Gleiche gilt für einen Spaziergang durch den Park.

Hals-Chakra – Blau

Das Hals-Chakra steht mit Kommunikation und Kreativität in Verbindung. Es betrifft die Arme und Schultern, den Hals und die Schilddrüse und ist an unserem Gehörsinn beteiligt.

Ein ausgeglichenes Hals-Chakra schenkt das Gefühl von Zufriedenheit und innerer Ruhe. Du wirst anderen Menschen zuhören und deine eigenen Ansichten ungezwungen äußern können.

Singen, Tanzen und das Spielen eines Instruments regen dieses Chakra an. Jede Art des Selbstausdrucks, wie die Wiederholung von Mantras oder Affirmationen, wirkt ebenfalls belebend.

Stirn-Chakra – Indigo

Das Stirn-Chakra steht mit dem Denken, der Erkenntnis, Spiritualität und übersinnlichen Wahrnehmung in Verbindung. Es liegt in jenem Bereich, den man auch das Dritte Auge nennt. Es steuert das Hormonsystem und wirkt, wie das unmittelbar darüberliegende und darunterliegende Chakra, auf den Seh- und Gehörsinn ein.

Befindet sich das Stirn-Chakra im Gleichgewicht, wirst du klar „sehen". Dies bezieht sich nicht nur auf das Schauen, sondern auch auf die Fähigkeit, das Gesamtbild zu erfassen und zu verstehen. Diese intuitive Wahrnehmung lässt dich deinem inneren Gefühl folgen.

Ein unausgewogenes Stirn-Chakra kann Kopfschmerzen und Augenbeschwerden verursachen. Außerdem wird es dir schwerfallen, die Dinge im richtigen Verhältnis zu sehen.

Das Stirn-Chakra kann angeregt werden, wenn man von seinen persönlichen Problemen eine Weile bewusst Abstand hält.

Kronen-Chakra – Violett

Das Kronen-Chakra verbindet uns mit dem Göttlichen. Das Wurzel-Chakra stellt die Verbindung zur Erde her, während uns das Kronen-Chakra mit dem Himmel verknüpft. Das Wurzel-Chakra bezieht sich auf die Mutter, das Kronen-Chakra auf den Vater. Ist jemand von seinem Vater getrennt, überkommt ihn wahrscheinlich ein Gefühl der Isolation. Aus diesem Grunde fällt es einer solchen Person schwer, eine Verbindung zu Gott aufzubauen.

Das Stirn-Chakra steht mit der Zirbeldrüse, dem Gehirn und dem Nervensystem sowie dem Koordinationsvermögen und dem Richtungssinn in Zusammenhang.

Gerät dieses Chakra aus dem Gleichgewicht, wirst du dich wahrscheinlich der Verantwortung entziehen und dich einsam und isoliert fühlen, selbst wenn du dich unter Menschen aufhältst.

Das Kronen-Chakra kann durch die Meditation angeregt werden oder wenn man sich lohnende Ziele steckt. Jede Aktivität, die sich auf deinen Glauben oder deine Lebensphilosophie bezieht, wirkt ebenfalls stimulierend.

KRISTALLE UND EDELSTEINE FÜR DIE CHAKRAS

Kristalle und Edelsteine in den Farben der einzelnen Chakras werden häufig zu Heilzwecken verwendet. Sie sollten täglich etwa zwanzig Minuten lang auf das jeweilige Chakra gelegt werden. Edelsteine für das Kronen-Chakra platziert man gewöhnlich auf den Boden oder auf das Bett unmittelbar oberhalb des Kopfes der zu behandelnden Person.

- Wurzel-Chakra: Blutstein, Koralle, Diamant, Granat, Heliotrop, Jade, roter Jaspis, Rosenquarz, Rubin (Hematit und Obsidian können ebenfalls verwendet werden).
- Milz-Chakra: Karneol, Zitrin, Feueropal, oranger Achat, Perle, Rhodolith, Rubin, Rotzinkerz.
- Solarplexus-Chakra: Bernstein, Zitrin, honigfarbener Kalzit, pfirsichfarbener Aventurin, Tigerauge, Goldtopas.
- Herz-Chakra: Aventurin, Chrysopras, Smaragd, grüner Kalzit, Malachit, Moosachat, Chrysolit.
- Hals-Chakra: Amazonenstein, Aquamarin, Achat, Chalzedon, Chrysokoll, blauer Topas, blauer Turmalin.
- Stirn-Chakra: Azurit, Saphir, Flussspat, Howlith, Iolith, Lapislazuli, Luvulith, Saphir, Sodalith.
- Kronen-Chakra: Amethyst, durchsichtiger Quarz, Diamant, Flussspat, Goldkalzit, Rutil, Spinell, Turmalin.

Sollte der benötigte Edelstein nicht zur Hand sein, kann auch Bergkristall oder Rutilquarz verwendet werden. Während der Heiltherapie wirken Kristalle und Edelsteine als Schutzschild. Ich pflege mehrere grüne Steine auf den Fußboden zu legen, um den Bereich abzugrenzen, in dem ich arbeite. Die Art der Steine spielt dabei keine Rolle. Ich persönliche wähle grüne, da sie mit dem Heilungsaspekt in Verbindung stehen. In Kapitel zwölf werden wir näher darauf eingehen.

Die Farbtherapie sollte nur als zusätzliche Maßnahme zu der ärztlichen Behandlung erfolgen. Der Arzt muss aufgrund seiner jahrelangen Ausbildung und Erfahrung stets an erster Stelle stehen. Den Farbtherapeuten wähle man sehr sorgsam. Verantwortungsbewusste Therapeuten sind zurückhaltend. Hüte dich vor jemandem, der behauptet, mit Hilfe der Farbtherapie Fernheilungen oder unmittelbare Erfolge herbeiführen zu können. Geistheiler sind in der Lage, nicht anwesende Patienten zu heilen, ohne Farben einzusetzen. Spontanheilungen sind zwar möglich, aber eher unwahrscheinlich, da sich die Farbtherapie gewöhnlich über einen längeren Zeitraum hinzieht. Diese Methode heilt keine Mangelerkrankungen.

Bedenkt man den Einfluss, den die Farben auf uns ausüben, überrascht es nicht, welche wichtige Rolle sie bei unserer Gesundheit spielen. Manche Leute akzeptieren die Heilung mittels Farben, es überrascht sie jedoch zu hören, was sie über unsere Persönlichkeit aussagen. Es fällt ihnen schwer zu glauben, dass die Vorliebe oder Ablehnung einer Farbe eine Fülle an Informationen bietet.[1] Das nächste Kapitel wird uns über die Farbpsychologie aufklären.

---

1 Vgl. auch: Mike Booth, Das Aura-Soma Handbuch, Grafing 2007

Kapitel 6

Was deine Lieblingsfarbe über dich aussagt

Welche Farbe bevorzugst du heute? Es fehlt der Raum, um auf alle Möglichkeiten einzugehen. Hinzu kommen die feinen Unterschiede der einzelnen Farbschattierungen. Lindgrün unterscheidet sich von Dunkelgrün. Zum Zwecke dieser Übung bezeichnen wir sie beide als „Grün". Sollte deine Lieblingsfarbe nicht angesprochen werden, wähle diejenige Farbe, die ihr am nächsten kommt.

Manche Leute behaupten, keiner Farbe den Vorzug geben zu können, da sie alle Farben lieben. Wenn dies der Fall sein sollte, wähle diejenige Farbe, die dich am stärksten inspiriert.

ROT

Rot ist besonders beliebt, vor allem extrovertierte Menschen bevorzugen diese Farbe. Aber auch Personen, die stärker nach außen treten möchten, wählen sie. Sollte Rot deine Lieblingsfarbe sein, gehst du aus dir heraus, bist ehrgeizig und fleißig. Du liebst den Wettstreit und die körperliche Betätigung und bist zielstrebig. Du hast einen Sinn für Dramatik und machst dich gerne bemerkbar. Du bist optimistisch und positiv eingestellt und blickst der Zukunft hoffnungsvoll entgegen. Du bist großzügig, warmherzig, liebevoll und nachsichtig und oft impulsiv. Deine Energie und dein Charisma lassen dich zu Führungspositionen aufsteigen.

ORANGE

Sollte Orange deine Lieblingsfarbe sein, fällt dir der Umgang mit anderen Menschen leicht. Du bist warmherzig und freundlich, gründlich und tüchtig. Du planst für andere ebenso wie für dich selbst. Du liebst es, dich zu betätigen und dich selbst zu motivieren. Ohne ein Ziel vor Augen zu haben, bist du unruhig und ungeduldig.

GELB

Wenn du die Farbe Gelb bevorzugst, vermagst du dich gut auszudrücken. Neue Erfahrungen beflügeln dich. Du liebst es, Gäste zu empfangen und selbst Gast zu sein, teilst dich gerne mit und sprühst vor Ideen. Dein Sinn für Humor ist auffallend, und wenn du willst, kannst du zum Mittelpunkt der Party werden.

GRÜN

Sollte Grün deine Lieblingsfarbe sein, bist du ausgeglichen, mitfühlend, tolerant, hilfsbereit und umgänglich. Du liebst es, anderen zu helfen und suchst dir vielleicht einen entsprechenden Beruf. Du bist ein Menschenfreund und ein natürlicher Heiler. Du bist klug und kümmerst dich gerne um Einzelheiten. Wenn nötig, kannst du stur sein, gehst aber Argumenten gerne aus dem Wege.

BLAU

Im Gegensatz zu den extrovertierten Menschen bevorzugen introvertierte Personen die Farbe Blau. Bisweilen wählen sie jedoch
Rot, da ihnen diese Farbe Selbstvertrauen schenkt, so wie Blau
extrovertierte Menschen zur Ruhe kommen lässt und ihnen ein
Gefühl inneren Friedens vermittelt. Solltest du Blau bevorzugen,
bist du kreativ und besitzt ein gutes Vorstellungsvermögen. Du bist
klug und wahrnehmend und ersinnst gerne Projekte, die Geld ein-
bringen. Andererseits kannst du sehr still und in dich gekehrt sein.
Du verabscheust es, wenn du in irgendeiner Weise gehemmt oder
eingeschränkt wirst und fühlst dich erst wirklich glücklich, wenn
du einer Sache erwartungsvoll entgegensehen kannst. Du bist un-
ternehmungslustig, was dich manchmal in Schwierigkeiten bringt.
Doch das Glück scheint immer auf deiner Seite zu stehen.

INDIGO

Sollte Indigo deine bevorzugte Farbe sein, bist du reserviert,
sensitiv, emotional und intuitiv. Du bist sanft, hilfsbereit und
mitfühlend. Du neigst dazu, dich rasch zu verlieben. Die Bemer-
kungen und Einstellungen anderer verletzen dich manchmal. Das
Zentralthema deines Lebens sind Familie und Freunde. Du bist
verantwortungsbewusst und löst gerne Probleme.

VIOLETT

Liebst du Violett, bist du geistig anspruchsvoll, analytisch, scharf-
sinnig, spirituell und äußerst intuitiv. Da du introspektiv und reserviert bist, benötigst du sehr viel Zeit für dich selbst. Es bereitet
dir Freude, Neues zu lernen und in die Dinge einzudringen, um

ihre verborgene Seite herauszufinden. Du vertrittst deinen eigenen Standpunkt und ziehst es vor, auf deine Weise zu handeln.

SILBER

Wenn du diese Farbe bevorzugst, bist du ehrlich, ritterlich, idealistisch und selbstbewusst. Es bereitet dir Freude, deinen Mitmenschen zu helfen. Du achtest deine Freunde und Kollegen und bist enttäuscht, wenn Vertrauen und Respekt verlorengehen. Was deine eigenen Wünsche anbelangt, bist du bescheiden und erstrebst selten Ruhm oder Anerkennung für dich selbst. Du bist äußerst intuitiv.

GOLD

Sollte Gold deine Lieblingsfarbe sein, bist du ehrgeizig und verlangst nach dem Besten, was das Leben zu bieten hat. Du bist außerordentlich fähig und charismatisch. Aufgrund deiner Antriebskraft, Energie, inneren Stärke und deines Durchsetzungsvermögens bleibt es nicht aus, dass du dich in deinem Bereich an die Spitze emporarbeitest. Mit deiner Kreativität löst du die Probleme auf höchst unkonventionelle Art.

BRAUN

Bevorzugst du die Farbe Braun, bist du sachlich, praktisch und fleißig. Du bist ehrlich, beständig, hilfreich und sicher. Du siehst die Dinge schwarz-weiß und vermagst mit einem einzigen Blick den Kern der Sache zu erfassen. Daher vermagst du Probleme, die andere Leute längst aufgegeben haben, rasch zu lösen und gute Qualität zu kaufen und nicht irgendeinem Modeartikel zu verfallen. Es liegt dir nicht, im Scheinwerferlicht zu stehen, und deine Gedanken behältst du größtenteils für dich.

SCHWARZ

Wenn du Schwarz bevorzugst, denkst du eigenständig und vertrittst zu fast allen Themen eine starke Meinung. Du sagst, was du denkst, bist diszipliniert, verschwiegen und leidenschaftlich. Du bist zielstrebig und ehrgeizig, was die anderen erst bemerken, wenn du dein Ziel erreicht hast. Wählst du die Farbe Schwarz, weil du dich niedergeschlagen fühlst, wende dich an deine Freunde, damit sie dir helfen und Gesellschaft leisten. Plane und unternimm etwas, das dich aufheitert.

WEISS

Sollte Weiß deine Lieblingsfarbe sein, bist du gütig, ruhig und gefühlvoll. Ermunterung beflügelt dich. Du bist gerne alleine und musst dich oft zwingen, mehr Zeit mit anderen Menschen zu verbringen. Du verabscheust laute Parties und ziehst die Gesellschaft einiger guter Freunde vor.

Es ist ungewöhnlich, Weiß als Lieblingsfarbe zu wählen, und weist in der Regel darauf hin, dass man sich in einer Übergangsphase befindet.

FARBEN, DIE DU ABLEHNST

Deine Lieblingsfarbe enthüllt eine Menge Einzelheiten über dich. Die meisten Menschen bevorzugen eine Farbe, aber die wenigsten lehnen einen Farbton ab, obgleich dies gut wäre, um Schwachstellen zu erkennen.

ROT

Wenn du Rot nicht magst, wirst du wahrscheinlich lernen müssen, deine emotionalen Ausbrüche zu beherrschen und mit ihnen umzugehen. Sie befreien dich selbst zwar von deinem Ärger, werden andere aber wahrscheinlich stören und verstimmen.

ORANGE

Wenn du Orange nicht magst, weist dies auf eine tiefsitzende Unsicherheit hin. Läuft etwas schief, bist du enttäuscht und entmutigt.

GELB

Lehnst du Gelb ab, lässt du dich schnell einschüchtern. Du fürchtest Kritik und hältst dich zurück, anstatt mutig etwas zu wagen, selbst auf die Gefahr hin, keinen Anklang zu finden.

GRÜN

Wenn du Grün nicht magst, zauderst du, und es fehlt dir wahrscheinlich an der richtigen Motivation. Du langweilst dich rasch.

BLAU

Blau nicht zu mögen, bedeutet, sich ständig überfordert zu fühlen und möglicherweise unter einer psychosomatischen Erkrankung zu leiden.

INDIGO

Wenn du Indigo ablehnst, fühlst du dich von anderen zurückgewiesen und nicht geschätzt.

VIOLETT

Violett abzulehnen, kann ein Zeichen dafür sein, dass dich die Überzeugungen und Regeln anderer Leute einschüchtern und du das Gefühl hast, dass sie deinen eigenen Glauben und deine Spiritualität unterschätzen oder ignorieren.

SILBER

Wenn du diesen Farbton abweist, fühlst du dich von den Handlungsweisen anderer im Stich gelassen, bist enttäuscht und verletzt.

GOLD

Wenn du Gold nicht magst, gehst du wahrscheinlich davon aus, dass sich deine Träume niemals verwirklichen lassen und du zum Scheitern und zur Mittelmäßigkeit verurteilt bist.

BRAUN

Wer Braun abweist, ist ängstlich, scheu und in sich zurückgezogen. Alles, was in seinem Leben geschieht, wird ihm Sorge bereiten.

SCHWARZ

Diese Farbe abzulehnen bedeutet, seine eigenen Fähigkeiten zu unterschätzen. Anstatt die guten Eigenschaften zu erkennen, konzentriert man sich auf seine angeblichen Fehlschläge.

WEISS

Solltest du Weiß nicht mögen, fühlst du dich als Außenseiter und in keiner Situation vollkommen wohl. Wahrscheinlich bist du einsam und es fällt dir schwer, Freunde zu finden.

Die Farben, die du liebst oder ablehnst, enthüllen mehr, als du denkst. Fügen wir eine weitere Farbe hinzu, wird das Bild noch klarer. Im nächsten Kapitel befassen wir uns mit Farben, die eine unterstützende Wirkung ausüben.

Kapitel 7

Unterstützende Farben

Farben können erstaunlich hilfreich sein. Vor mehr als zwanzig Jahren kannte ich eine Frau, die als einzige Frau in die Geschäftsleitung einer Firma aufstieg. Als ihre Abteilung einen größeren Gewinn erwirtschaftete als die übrigen Gruppen, wurde sie gebeten, einen Vortrag über ihre Vorgehensweise zu halten. Diese äußerst fähige und den meisten Situationen gewachsene Frau erschrak bei dem Gedanken, vor ihren männlichen Kollegen zu sprechen, da sie annahm, man habe ihr die Beförderung verübelt und glaube, sie wolle die Firmenleiter rasch emporklimmen.

Ich riet ihr, ein wenig Rot zu tragen, um ihr Selbstvertrauen zu stärken. Sie ging einen Schritt weiter, kleidete sich vollkommen in Rot und hielt eine feurige Ansprache, an die sich ihre Kollegen noch nach Jahren erinnerten. Dieses Beispiel zeigt, wie Farben das Verhalten ändern können. In ihrer roten Kleidung besaß sie mehr als genug Selbstvertrauen, um eine schwungvolle Rede zu halten. In einer schwarzen Garderobe wäre ihr dies wahrscheinlich nicht gelungen.

Farben beeinflussen die Gemütsstimmung. Ärgerst du dich über etwas, wird dein Blutdruck steigen. Grün wirkt beruhigend, ebenso ein Spaziergang durch einen Park mit grünen Rasenflächen und Bäumen. Fühlst du dich energielos, versuche es mit Orange. Ein Schal, eine Krawatte oder ein Gürtel in dieser Farbe genügt schon. Sie sichtbar zu tragen, erhöht zwar die Wirkung, aber die farblich entsprechende Unterwäsche erfüllt ebenfalls ihren Zweck, da der Körper die Schwingungen der Farbe absorbiert.

In der folgenden Zusammenstellung sind die Hauptfarben und die Gefühle, die sie zu ändern vermögen, aufgeführt. Vielleicht erkennst du, weshalb du bestimmte Farben wählst. Man kann gewisse Farben auch ganz bewusst tragen, um festzustellen, wie sie auf einen wirken.

ROT

Rot hilft, negative Gedanken zu verjagen und einem Energiemangel entgegenzuwirken. Es besiegt die Müdigkeit. Fühlst du dich frustriert, apathisch oder hoffnungslos, solltest du die Farbe Rot tragen. Sie wirkt stimulierend und fördert das Selbstvertrauen, die Kraft, das Durchhaltevermögen, die Begeisterung und Ausdauer. Sie löst Hemmungen und vermag Freude und Glücksgefühle zurückzubringen. Trage bei jeder Gelegenheit, die zum Erfolg führen soll, Rot. Angeblich wird diese Farbe gerne in Kriegszeiten getragen, da sie ermutigend wirkt.

Rot eignet sich auch nach einer Krankheit, da sie die Energie und Lebenskraft weckt.

ORANGE

Bist du unentschlossen oder fehlt es dir an der nötigen Motivation, greife zu Orange. Diese Farbe schenkt dir Selbstvertrauen und ein Gefühl der Sicherheit. Sie erhöht die Vitalität und lässt dich nicht zaudern, während sie dir hilft, dich auf das zu konzentrieren, was du erreichen möchtest. Sie festigt enge Bindungen, macht dich geselliger und nach außen gerichtet. Bist du ängstlich und furchtsam oder nicht gerne alleine, solltest du Orange tragen. Orange wirkt besonders hilfreich, wenn du einen Schock erlitten oder schlechte Nachrichten erfahren hast.

GELB

Gelb hilft dir, Enttäuschungen, Einsamkeit und Niedergeschlagenheit zu überwinden. Es regt den Geist an und fördert die Konzentration, den Ideenfluss und klares Denken. Es ermutigt dich, mit anderen Menschen zu kommunizieren und regt das Gefühl der Freude und des Glücks an und gibt dir Auftrieb. Neigst du dazu, die Dinge zu ernst zu nehmen oder dich selbst zu unterschätzen, trage Gelb. Diese Farbe hat sich bei Niedergeschlagenheit als besonders nützlich erwiesen. In gelber Kleidung fühlst du dich wohl in deiner Haut.

GRÜN

Grün ist eine ruhige Farbe, die Verspannungen, Ärger, Ungeduld und emotionale Probleme beseitigt. Sie sorgt für Stabilität, klare Gedanken und die Fähigkeit, die Ansichten anderer Menschen zu verstehen. Grün wirkt beruhigend, erholsam und unterstützend. In Situationen, in denen du dich gehemmt, eingeschränkt und verloren fühlst oder unter emotionalem Stress stehst, solltest du Grün tragen.

BLAU

Blau ist die Farbe der Integrität und Ruhe. Es beseitigt Furcht, Ängstlichkeit und Nervosität. Es schenkt Selbstvertrauen, weckt Führungseigenschaften und befähigt, ruhig und gelassen nach vorne zu blicken. Wenn du unter Druck stehst oder glaubst, in einer Situation zu heftig zu reagieren, dann trage Blau. Diese Farbe eignet sich besonders gut, wenn man mit Leuten zusammensein muss, die Energie rauben. Ich nenne solche Menschen „psychische Vampire".

INDIGO

Indigo beseitigt den Einfluss von krankhafter Furcht und seelischem Druck. Es beseitigt Negativität. Diese Farbe lässt dich Verbindung zu deiner Intuition aufnehmen und anderen Menschen wieder vertrauen. Sie fördert deine Spiritualität und ermöglicht es dir, Frieden, Erfüllung und innere Freude zu finden. Sie regt den Geist an und fördert das Lernen. Fühlt man sich unsicher im Hinblick auf eine neue Situation oder muss Zukunftspläne schmieden, sollte man Indigo tragen. Diese Farbe hat sich auch bewährt, wenn man unter Kopfschmerzen leidet.

VIOLETT

Violett mildert Schuldgefühle, Sorgen, Stress und das Empfinden von Unzulänglichkeit. Es lässt dich innere Ruhe finden und schenkt dir ein Gefühl der Sicherheit. Es fördert Gefühle universeller Liebe, die es dir ermöglichen, andere Menschen zu betrachten, ohne sie zu verurteilen oder zu kritisieren. Violett fördert die Kreativität. Bist du nervös oder willst dich vor den Anforderungen anderer Leute schützen, trage violette oder purpurfarbene Kleidung. Das Gleiche gilt für Situationen, in denen du zu viel isst oder trinkst.

SILBER

Diese Farbe ist sehr nützlich, wenn du dich untauglich fühlst oder deiner selbst nicht sicher bist. Sie hilft dir, genügend Selbstvertrauen zu gewinnen, um anderen Menschen zu vertrauen.

GOLD

Gold hilft, Empfindungen zu beseitigen, im Hinblick auf Geld und Erfolg sich selber im Wege zu stehen. Diese Farbe gibt dir das Selbstvertrauen und die Selbstdisziplin, so lange durchzuhalten, bis du dein Ziel erreicht hast. Sie fördert deine Suche nach Weisheit, Wissen und Wahrheit. Wenn du deiner Intuition nicht mehr traust, solltest du Gold tragen.

BRAUN

Braun hilft, Panikattacken, Angst, und emotionale Unsicherheit zu beseitigen. Diese Farbe erdet dich und lässt dich die Dinge im richtigen Verhältnis bewahren. Braun gehört zu den wichtigsten Naturfarben. Es ist warm und lebensbejahend. Wenn du dich fürchtest oder dir der Zukunft unsicher bist oder dich sicher und geschützt fühlen musst, trage Braun.

WEISS

Weiß trägt dazu bei, das negative Empfinden zu beseitigen, wenn die Nöte anderer Menschen einen überwältigen. Inmitten aller Hektik gewährt es geistigen Schutz und schenkt ein Gefühl von Frieden. Bist du besorgt, ängstigst dich oder musst dich klar ausdrücken, trage Weiß. Diese Farbe eignet sich ebenfalls, wenn man sich einer wesentlichen Veränderung gegenüber sieht oder begonnen hat, eine neue Richtung einzuschlagen. Du wirst feststellen, dass Erkältungen schneller ausheilen, wenn du Weiß trägst. Pastellfarbige Kleidung lässt das Licht in den Körper eindringen und aus ihm herausströmen, wobei es deine Gemütsverfassung hebt und die Heilung fördert.

SCHWARZ

Schwarz vermittelt Stärke und die Fähigkeit, seinen eigenen Standpunkt zu vertreten, wenn andere Leute versuchen, ihren Vorteil herauszuschlagen. Diese Farbe hilft, Überempfindlichkeit und allzu starke Emotionen abzuschwächen. Sie wirkt jedoch auch als emotionale Barriere, um sich von anderen Leuten zu distanzieren.

Du wirst wahrscheinlich eine Kombination von Farben tragen, wie einen blauen Geschäftsanzug, in dem du dich wohl fühlst. Du wirst ihn mit einem roten Schal oder Taschentuch schmücken und dadurch unbewusst andeuten, dass du nötigenfalls dein Recht geltend machst.

Beim Kleiderkauf solltest du darüber nachdenken, welche Farben am besten zu dir passen. Andererseits darfst du nicht vergessen, auf Farben zu achten, die dir ein Gefühl der Sicherheit und des Schutzes geben und warum du diese spezielle Kleidung kaufst. Für ein Bewerbungsgespräch wirst du dich sicherlich anders kleiden, als wenn du mit deinen Freunden zwanglos zu Mittag isst.

Farben zu tragen, die unterstützend wirken, hat sich als ausgesprochen nützlich erwiesen. Außerdem kannst du solche Farben in deinem Heim oder an deinem Arbeitsplatz anderweitig einsetzen, damit sie dir gegebenenfalls helfen.

Farben, die sich aus deinem Sternbild ergeben, wirken ebenfalls unterstützend. Näheres dazu findet sich in Kapitel zehn.

Im nächsten Kapitel werden wir uns mit der Farbmeditation befassen, um die Aura zu schützen.

Kapitel 8

Farbmeditation

Während einige Leute die Meditation als eine Art Wirklichkeitsflucht betrachten, sehen andere darin eine wunderbare Möglichkeit, mit dem inneren Sein Kontakt aufzunehmen. Meditation ist ein Zustand entspannter Kontemplation. Sie lässt dich körperlich entspannen und verschafft dir Zugang zu deinem Unterbewussten. Im günstigsten Falle vermagst du mit den göttlichen Kräften in Verbindung zu treten und deine Aufgabe in dieser Inkarnation klar zu erkennen. Die Meditation ermöglicht es dir, das Leben aus einer völlig neuen Sicht zu betrachten und erhebt deinen physischen, mentalen, emotionalen und geistigen Körper.

MINI-MEDITATION

Jedesmal, wenn du einen Augenblick innehältst, um über etwas nachzusinnen, meditierst du. Dies geschieht wahrscheinlich mehrmals am Tage. Vielleicht denkst du ein oder zwei Sekunden über die Wunder der Natur nach, wenn du einen Vogel vorüberfliegen oder einen herrlichen Sonnenuntergang siehst. Du trinkst einen Schluck Kaffee und sinnst kurz darüber nach, welche Freude der Duft und der Geschmack des Kaffees zu bereiten vermögen.

Meditationen müssen nicht tiefgründig oder spirituell sein. Jede Meditation ist wertvoll. Mini-Meditationen wie diese helfen dir, die Freuden des Lebens zu schätzen und erfüllen dich mit einem Gefühl der Sinnhaftigkeit, des Mitgefühls und Verstehens. Wenn man dich einen Träumer nennt, betrachte es als ein Kompliment. Es ist nicht nötig, im Lotos-Sitz zu verharren, um zu meditieren. Jede Tätigkeit kann meditativ geschehen – Spazierengehen, Geschirr spülen, Einkaufen. Es ist ein völlig normaler und natürlicher Vorgang.

Du kannst dich in einen meditativen Zustand versetzen, wann immer du willst. Solltest du mehr Energie benötigen, schließe die Augen und erschaue dich einige Sekunden lang in ein herrliches Rot getaucht. Konzentrierst du dich auf ein Problem, schließe die Augen und visualisiere die Farbe Gelb. Ich umgebe mich gerne mit der jeweiligen Farbe, die ich benötige. Vielleicht ziehst du es vor, dir einen Gegenstand in der gewünschten Farbe vorzustellen und siehst ein leuchtend grünes Tor oder ein Ornament vor dir.

MEDITATION 101

Mini-Meditationen ergeben sich spontan. Für eine geplante Meditation benötigst du einen ruhigen Platz, an dem dich niemand stört. Trage lose fallende, bequeme Kleidung. Viele Leute sitzen während der Meditation gerne auf einem Stuhl mit senkrechter Lehne, die Handoberflächen auf den Schenkeln oder in ihrem Schoß ruhend. Sollte es dir schwerfallen, in dieser Position zu entspannen, kannst du ebenso gut auf einem bequemen Stuhl sitzen oder dich auf dein Bett oder den Fußboden legen. Ich persönlich schlafe ein, wenn ich auf meinem Bett liege, meditiere aber manchmal in meinem Lehnstuhl. Generell bevorzuge ich einen Stuhl mit senkrechter Lehne. Es soll bequem, aber nicht allzu bequem sein.

Sorge für ausreichend Wärme im Zimmer, da du im Laufe der Meditation ein oder zwei Grad an Körpertemperatur verlierst. Hülle dich, wenn du magst, in eine Decke. Sie gibt dir ein Gefühl der Sicherheit und des Schutzes, hält dich warm und erleichtert die Entspannung.

Sitzt du auf einem Stuhl, möchtest du vielleicht deine Schultern rollen und die Arme schütteln, um möglichst entspannt zu sein, ehe du mit der Meditation beginnst.

Wenn du bereit bist, schließe die Augen und atme mehrmals tief durch, bis sich deine Atmung verlangsamt. Die erste Meditationsstufe besteht darin, dich vorübergehend von allen Sorgen und Ängsten des Alltags zu befreien. Ich persönlich stelle mir gerne ein wunderschönes Geheimzimmer vor. Jedesmal, wenn ich diesen Raum betrete, fallen alle Sorgen und Anspannungen von mir ab, da hier jeder Aspekt meines Lebens in Ordnung ist. Dieses Zimmer existiert nur in meiner Phantasie. Du magst deine eigene phantasievolle Szene gestalten oder an einen Ort gehen, den du einmal besucht und an dem du dich völlig entspannt, heiter und glücklich gefühlt hast. Einer meiner Schüler sah sich in einem herrlichen Badezimmer in einem Schaumbad liegen. Eine Holzhütte, draußen im Wald, mag eine gute Wahl sein. Vielleicht suchst du den Lieblingsplatz deiner Kindheit auf oder besuchst deine Großeltern, wenn du gerne bei ihnen verweiltest.

Das Zimmer deiner Phantasie kannst du ausstatten, wie du möchtest. In meinem geheimen Raum gibt es einen weichen Teppich, bequeme Möbel und wunderschöne Gemälde an den Wänden. Es ist immer angenehm warm dort. Ich sehe das Zimmer ganz deutlich vor Augen, und mein Körper entspannt sich augenblicklich. Daher suche ich diesen Ort bei jeder Meditation auf.

Es mag eine Weile dauern, bis du deinen geheimen Platz gestaltet hast und dich darin heimisch fühlst. Sollte es dir selbst an diesem Ort schwerfallen, eine bestimmte Sorge abzuschütteln, dann konzentriere dich auf sie. Verweile dabei, so lange du willst, und gib dann dieser Sorge eine Farbe und eine Gestalt. Erschaue, wie sich die Form vergrößert und wieder verkleinert, und beobachte, wie deine Sorge mit zunehmendem Umfang größer wird und immer mehr verschwindet, je stärker die Form schrumpft. Lasse sie ganz klein werden und schicke sie aus deinem geheimen Zimmer. Vielleicht knüpfst du sie an einen Ballon, mit dem sie davonfliegt. Oder du wirfst sie in den Ausguss und spülst nach. Du kannst auch die Zimmertür öffnen und die Sorge auf die Türmatte legen. Es spielt keine Rolle, auf welche Weise du sie für die Dauer der Meditation los wirst.

Nachdem deine Sorgen und Bedenken vorübergehend beiseite gelegt wurden, konzentriere dich auf deine Atmung. Atme rhythmisch ein und aus. Beim Einatmen sprich innerlich zu dir selbst: „Entspannung strömt herein" und beim Ausatmen: „Verspannung und Stress fließen ab."

Wiederhole dies, so lange du kannst. Andere Gedanken, die dir durch den Kopf gehen, werden dich wahrscheinlich ablenken. Schicke sie weg, sobald sie dir bewusst werden, und konzentriere dich auf deinen Atem und jene beiden Sätze.

Wenn du zuvor noch niemals meditiert hast, ist es sinnvoll, an dieser Stelle aufzuhören. Öffne die Augen und sitze oder liege eine Weile still da, ehe du mit deinem Alltag fortfährst. Wiederhole diese Meditation bis zu diesem Punkt mehrmals im Laufe der nächsten, vielleicht auch übernächsten Woche und versuche, dich länger auf deinen Atem zu konzentrieren, ohne dass dich von außen kommende Gedanken unterbrechen. Die Regelmäßigkeit lohnt sich, denn mit der Zeit wird es dir weniger schwerfallen, deine Sorgen draußen zu lassen.

Der nächste Meditationsschritt besteht darin, die innere Stille zu finden. Konzentriere dich zu diesem Zweck auf einen Punkt unmittelbar oberhalb des Nabels. Atme tief ein und langsam aus und denke: „Zehn". Konzentriere dich weiterhin auf jene Stelle, atme noch neun Mal tief ein und langsam aus und zähle dabei rückwärts bis eins.

Vergiss die Atmung und versinke in den Bereich oberhalb des Nabels. Genieße das angenehme, beruhigende Gefühl so lange du möchtest und konzentriere dich dann erneut auf deine Atmung.

Erblicke dich an deinem geheimen Ort und kehre bewusst in die Gegenwart zurück. Vergegenwärtige dir dein Umfeld, ehe du die Augen öffnest. Wenn du bereit bist, erhebe dich und strecke deine Glieder.

Nach der ersten Meditation bist du vielleicht voller Energie oder fühlst dich ein wenig müde und steif. Jeder reagiert in einer anderen Weise.

Vielleicht hast du das Gefühl, in dein Inneres vorgedrungen zu sein und Verbindung mit deiner Seele, deinem unbewussten Geist, aufgenommen oder zumindest die innere Stille berührt zu haben. Andererseits magst du ein wenig enttäuscht sein, weil du dich zwar entspannt hast, aber nirgendwo gewesen bist.

Eine solche Enttäuschung ist verständlich, doch dies bedeutet nur, dass es der Übung bedarf. In die innere Stille vorzudringen, gelingt jedem. Den einen fällt es leicht, andere müssen hart daran arbeiten.

Höchstwahrscheinlich hast du diese innere Stille fast erreicht, und du bist nur enttäuscht, weil es dir noch nicht vollkommen gelungen ist. Vielleicht bist du sogar für den Bruchteil einer Sekunde dort gewesen, vermochtest aber nicht zu verweilen. In diesem Fall freue dich und versuche es zu einem späteren Zeitpunkt nochmals.

Es gibt zwei Gründe, weshalb die Leute den erwünschten Zustand nicht erreichen. Meistens stürzen sie durch die Atem- und Entspannungsphase, um möglichst schnell zum gewünschten Ziel zu gelangen. Sollte dies der Fall sein, nimm das nächste Mal langsam Stufe um Stufe. Genieße den Vorgang und verweile an deinem geheimen Ort, ehe du weiterschreitest.

Die andere Möglichkeit besteht darin, dass du das Ganze zu ängstlich angegangen bist. Achte das nächste Mal nicht darauf, ob du erfolgreich bist oder nicht. Genieße es einfach.

Meditiere regelmäßig. Zweimal täglich wäre der Idealfall. Die meisten Leute erklären mir, ihr Tag sei dafür zu geschäftig. Doch gerade dann muss man langsamer werden. Eine kurze Mini-Meditation gegen Mittag wird dich den Nachmittag produktiver gestalten lassen.

Der Schlüssel für eine erfolgreiche Meditation sind Atmung und Entspannung. Die Vorteile der Meditation sind so gewaltig, dass es sich lohnt, Zeit zu investieren, um sie zu erlernen.

DIE MACHT DER WORTE

Sobald du die innere Stille zu erreichen vermagst, kannst du diese Fähigkeit auf verschiedene Weise einsetzen. Denke in diesem Zustand an bestimmte Worte. Diese Übung eignet sich außerdem dazu, die Kraft der Meditation zu bestätigen.

Wähle ein Wort, das dir etwas bedeutet, wie Frieden, Leben, Liebe, Freundlichkeit, Hoffnung, Ehrlichkeit, Wahrheit und Schicksal. Nimm dir einige Augenblicke Zeit, um zu notieren, welche Gedanken dir bei dem Wort in den Sinn kommen.

Meditiere über dieses Wort. Entspanne dich und versenke dich in die Meditation. Sobald du diesen Zustand erreicht hast, sprich innerlich das von dir gewählte Wort. Vielleicht möchtest du es auch laut sagen. Halte inne und achte darauf, wie es sich auswirkt und welche Gedanken es in dir auslöst. Die Bilder und Vorstellungen mögen dich überwältigen. Schaue genau hin, damit du dich nach der Meditation an sie erinnerst.

Sollte nichts geschehen, versuche es auf eine andere Weise. Denke an das Wort und verleihe ihm Form und Farbe. Siehe die Form größer und kleiner werden. Verwandele sie in einen Ball, den du springen lässt, in die Luft wirfst und wieder auffängst. Spiele mit der Form, vergiss aber nicht, dass es sich um das von dir ausgesuchte Wort handelt. Nimm nach ein, zwei Minuten die Form in deine Hände und gib ihr einen Mund, Augen, Ohren und eine Nase. Bitte sie, etwas über sich zu erzählen. Beobachte, was sich ereignet.

Halte dieses Wort, während du einen Regenbogen durchschreitest. Gehe langsam in das Rot hinein, so dass seine Strahlen jede einzelne Körperzelle durchdringen. Frage das Wort, wie es auf die Farbe Rot reagiert. Bist du bereit, gehe in das Orange und fühle, wie es deinen Körper verjüngt. Frage das Wort, wie es die Farbe Orange empfindet. Wiederhole diesen Vorgang mit jeder einzelnen Regenbogenfarbe, bis du aus dem Violett in die klare, frische Luft emportauchst. Du musst das Wort loslassen, bevor du die Meditation beendest. Halte es in deinen hohlen Händen und blase es vorsichtig fort. Vielleicht bindest du es an einen Luftballon, der es deinen Blicken entzieht. Oder du legst es auf ein Regal und beobachtest, wie es sich in Nichts auflöst. Es spielt keine Rolle, wie du es freisetzt.

Atme tief durch, bewege dich und öffne die Augen. Notiere deine Einblicke, ehe du dich wieder deinem Alltag zuwendest. Es ist wichtig, sie unmittelbar nach der Meditation aufzuschreiben. Die Informationen, die dir zuteil wurden, gleichen einem Traum und sind rasch vergessen.

HEILUNG DER WELT

Bei dieser Meditation werden drei Farben verwendet, Rosa, Gelb und Blau. Entspanne dich wie üblich und versenke dich in die Meditation. Erschaue dich von einem reinen weißen Licht umgeben, das dich beschützt. Lasse das Weiß sich in ein wunderschönes Rosenrot verwandeln. Fühle und spüre die zarten Heilenergien dieser herrlichen Farbe. Jedesmal, wenn du einatmest, nimmst du die rosa Energie auf, die jede einzelne Körperzelle durchdringt. Sobald sie dich zu überfluten beginnt, sende sie in das Universum hinaus, um andere Menschen zu trösten und zu heilen. Stelle dir innerlich vor, dass rosenrote Energiewellen von dir ausgehen, die schließlich die ganze Welt umkreisen.

Visualisiere diese Energie möglichst lange und verwandele sie allmählich in ein reines Gelb. Fühle die Wärme, Energie und Vitalität dieser Farbe. Lasse sie jede einzelne Zelle deines Körpers durchdringen und beleben. Erschaue das Gelb als Energiekreis in deinem Solarplexus. Empfinde Liebe für die Erde und für alles, was sie trägt, und sende diese Liebe in Form vollkommener gelber Energiewellen jedem, der sie benötigt.

Transformiere das Gelb allmählich in ein Blau, bis dich der wogende Nebel eines unvergleichlich prachtvollen Blaus umfließt. Fühle, wie es dich mit jedem Atemzug läutert und heilt. Bist du bereit, sende auch dieses Blau in die Welt hinaus, damit jeder, der es benötigt, daran teilhaben kann.

Lasse das Blau wieder zu einem reinen weißen Licht werden und fühle den inneren Frieden. Danke dem universellen Geist für die Segnungen in deinem Leben und die Möglichkeit, Heilenergien aussenden zu dürfen.

Atme tief durch, strecke dich und öffne die Augen.

MEDITATION DER VERGEBUNG

Diese Meditation wirkt ebenfalls belebend. Sie soll dir helfen, alles Negative loszulassen, das dich daran hindert, tiefen inneren Frieden, Zufriedenheit und Glück zu empfinden. Obwohl sie dich dabei unterstützen soll, anderen Menschen für alles, was sie dir angetan haben, zu verzeihen und dir selbst zu vergeben, wenn du andere geschädigt hast, kann sie auch durchgeführt werden, um jede Form von Ärger, Trauer, Schmerz und Verletzung freizusetzen.

Entspanne dich und versenke dich in die Meditation. Sobald du den meditativen Zustand erreicht hast, stelle dir vor, von einem schützenden weißen Licht umgeben zu sein. Denke an jemanden, der dich in der Vergangenheit verletzt hat. Stelle dir diese Person innerhalb des weißen Lichtes vor und sende ihr gemeinsam mit deiner Liebe und Vergebung eine Farbe. Es ist nicht nötig, diese Farbe auszusuchen, da du sie erkennen wirst, wenn du ihr deine Botschaft zukommen lässt. Fühle, wie die Person deine Botschaft zusammen mit der Farbe aufnimmt und sich dann deinem Blick entzieht. Du hast ihr bedingungslos verziehen, was es unnötig macht, weiterhin an sie zu denken.

Wiederhole diesen Vorgang mit allen Menschen, die dich in der Vergangenheit verletzt haben. Vergib jedem Einzelnen. Achte darauf, dass du niemanden vergisst, der einen negativen Einfluss auf dein Leben ausgeübt hat. Einige dieser Menschen mögen Fremde sein. Falls dir jemand in der vergangenen Woche die Vorfahrt nahm, sende dieser unbekannten Person Liebe, Heilung und Vergebung.

Dann sende dir selbst Liebe und Heilung. Vergib dir alle deine absichtlichen oder unabsichtlichen Verfehlungen. Genieße das Gefühl, alles Negative in deinem Inneren freizusetzen. Jetzt ist es an der Zeit, allen Groll oder alles, was dich von deinem inneren Frieden fernhält, loszulassen.

Dehne abschließend das weiße Licht, das dich umgibt, so weit aus, dass es die Welt vollständig umfasst. Betrachte dich selbst als einen wesentlichen Teil der universellen Lebenskraft. Da du dich von allem Negativen befreit hast, kannst du deine Energie zum Wohle der Menschheit einsetzen und den Planeten verbessern.

Verweile in diesem Zustand, atme dreimal tief durch, recke dich und öffne die Augen.

MEDITATION DES MITGEFÜHLS

Diese Meditation ähnelt den beiden vorangegangenen Formen, da auch sie Gedanken der Liebe und des Mitgefühls aussenden soll. Eine wissenschaftliche Zeitung berichtete von einem Experiment mit neun buddhistischen Mönchen. Die Forscher fanden heraus, dass die Aktivität ihrer Gamma-Gehirnwellen auffallend zunahm, während die Mönche die Meditation des Mitgefühls ausübten. Niemals zuvor hatte man eine solch hohe Aktivität verzeichnet. Sie ist an allen Mentalprozessen, wie Studium, Konzentration, Wahrnehmung und Erinnerung, beteiligt. Hirnbereiche, die mit positiven Emotionen in Zusammenhang stehen, zeigten eine erhöhte Aktivität. Dieses Experiment beweist, dass die regelmäßige Meditation glücklicher macht und das Denkvermögen fördert. Es beweist auch die positive Auswirkung einer kurzen Meditation unmittelbar vor Beginn einer mentalen Tätigkeit.

Die Meditation des Mitgefühls kann jederzeit durchgeführt werden. Schließe die Augen, atme einige Male tief durch, entspanne dich und empfinde Liebe und Mitgefühl für die gesamte Menschheit. Lasse diese Gefühle dich wie eine Wolke umschweben und jede einzelne Körperzelle durchdringen.

Bitte die Gefühle um eine Farbe, die Liebe und Mitgefühl symbolisiert. Lasse diese Farbe die Wolke deines Mitgefühls durchfluten und sich immer weiter ausdehnen, während du deine Gefühle in die Welt hinausschickst.

Verweile in diesem Zustand. Atme tief ein, lächele beim Ausatmen, öffne die Augen und kehre in den Alltag zurück.

MEDITATION DER SIEBEN STRAHLEN

Diese Meditation stellt eine Form kreativer Visualisation dar, die sich aller sieben Regenbogenfarben bedient. Sie bietet dir die Vorteile des gesamten Regenbogens.

Entspanne dich und versetze dich in einen meditativen Zustand. Siehe dich an einem geheimen Ort, in dem ein wunderschönes Gemälde an der Wand hängt. Sollte sich dieser Ort im Freien befinden, kann das Gemälde an einen Baum oder gegen einen Tisch gelehnt sein. Du näherst dich diesem herrlichen Bild immer mehr, bis du plötzlich in seinem Inneren bist. Nun gehst über üppiges grünes Gras und betrachtest die stolzen Bäume, während du die Landschaft durchwanderst. Du genießt den Spaziergang, und die Blätter der Bäume flüstern in der sanften Brise. Du wanderst einen Hügel empor, lässt dich auf seinem Gipfel nieder und blickst über das Land. In der Ferne siehst du das Meer. Es schillert in einem tiefen Indigo, und du bemerkst einige weiße Flecke auf den Wellen.

Du legst dich ins Gras und schaust in den klaren blauen Himmel empor. Einige bauschige Wolken scheinen im Sonnenlicht zu spielen, aber dein Haupteindruck ist dieses wunderschöne, makellose Blau des Himmels. Nach einer Weile machst du dich wieder auf den Weg. Du blickst dich um. Zu deiner Linken erstreckt sich ein Blumengarten, den du erkunden möchtest.

Jemand hat gelbe Narzissen in den Rasen gepflanzt. Du bleibst stehen und bewunderst sie. Sie erstrahlen in dem schönsten Gelb, das du jemals gesehen hast.

Du setzt deinen Weg fort und erkennst die Sonnenblumen, die den Blumengarten üppig säumen, betrachtest ihr orangefarbenes Blütenherz und denkst an die heilenden Sonnenstrahlen. Es gibt fast nur Rosen in diesem Garten, und du erfreust dich an den verschiedenen Farbschattierungen ihrer roten Blüten. Du bewunderst ihre Vollkommenheit.

Nun erkennst du, dass sich der Garten vor einem großen Gebäude mit Marmorsäulen an seiner Frontseite erstreckt. Du steigst die Marmorstufen zum Haupteingang empor, der in einem sanften Licht liegt. Es scheint sich um einen Tempel zu handeln. Die Vorhalle ist in ein herrliches Violett getaucht, und es erfasst dich ein Gefühl des Friedens und der Ruhe. Du bist alleine, doch plötzlich spürst du die Gegenwart des Göttlichen.

Du blickst nach draußen, beschließt aber, dieses Gebäude näher zu erforschen. Vor dir liegen sieben Türen, jede in einer anderen Regenbogenfarbe gestrichen. Du öffnest die rote Tür und siehst, dass der dahinter liegende Raum völlig in Rot getaucht ist. Es gibt dort einen roten Teppich, rote Tapeten, rote Möbel und rote Beleuchtung. Die anderen Räume spiegeln ebenfalls die Farbe ihrer jeweiligen Tür wider. Du betrittst das ein oder andere Zimmer der Farbe, die dich anspricht, gehst wieder nach draußen, lässt dich auf der obersten Eingangsstufe nieder und betrachtest die herrliche Landschaft, die dich umgibt.

Leider musst du nun aufbrechen. Du durchquerst wieder den Garten, wanderst auf den Hügel hinauf und auf der anderen Seite hinunter zu deinem Ausgangspunkt. Du steigst von hinten durch das Landschaftsbild und befindest dich wieder in deinem geheimen Zimmer. Du schaust auf das Bild zurück und bist traurig, dass du gehen musst, doch du weißt, du kannst jederzeit wiederkommen, um dich in den Regenbogenfarben zu baden.

Atme einige Male langsam und tief durch, strecke dich und öffne die Augen.

CHAKRA-MEDITATION

Die Meditation bietet eine hervorragende Möglichkeit, um die Chakras besser zu verstehen. Entspanne dich und begib dich in den meditativen Zustand. Sobald du bereit bist, konzentriere deine Aufmerksamkeit auf das Wurzel-Chakra an der Wirbelsäulenbasis. Spüre, wie es dich erdet und dir ein Gefühl der Sicherheit gibt. Füge diesem Mentalbild die Farbe Rot hinzu und beobachte, ob sich deine Gefühle in irgendeiner Weise verändern. Achte auf die Bilder und Gedanken, die sich einstellen, während du dich auf das Wurzel-Chakra konzentrierst.

Wenn du möchtest, kannst du an dieser Stelle aufhören oder die anderen Chakras erforschen, um weitere Einblicke zu gewinnen.

Die Konzentration auf dein Milz-Chakra mag dir deine Sexualität, deine Emotionen und die Art verständlich machen, in der du Vergnügen erlebst. Dein Solarplexus-Chakra gibt dir vielleicht Aufschluss über Liebe und Beziehungen. Dein Hals-Chakra mag dir Hinweise geben, um mit anderen zu kommunizieren und deine Kreativität zu fördern. Das Stirn-Chakra lässt dich vielleicht erkennen, wie du deine Vorstellungs- und Visionskraft und die Hellsichtigkeit zu fördern vermagst. Das Kronen-Chakra wird dir helfen, das Universum zu verstehen, es kennenzulernen und eine engere Verbindung zu ihm aufzubauen.

Eine weitere Meditationsmöglichkeit bietet die Farbdarstellung eines Mandalas.

Kapitel 9

Mandalas

Ursprünglich schuf man Mandalas, um das Universum darzustellen. Man ordnet sie der Sakralkunst zu, da sie geistige, kosmische und psychische Ordnung symbolisieren. Sie werden bei der Meditation und bei heiligen Ritualen verwendet. Mandalas können jede Form annehmen, sind aber gewöhnlich rund. Dies überrascht nicht, denn das Sanskritwort *mandala* bedeutet Kreis. Der magische Kreis ist eine Mandala-Form, da er die Energie enthält, die während des Rituals entsteht, und gleichzeitig Schutz bietet.

Mandalas eignen sich besonders gut zur geistigen Konzentration. Im Osten unterstützt man auf diese Weise den Zugang zu geistigen und hellsichtigen Erkenntnissen. Symbolisch gesehen, tritt die Person während der Meditation in das Mandala und wird geistig erneuert.

Vielleicht hast du von den einzigartigen Sand-Mandalas der tibetischen Mönche gehört oder sie gesehen. Man nennt sie *dult-son-kyil-khor*, was so viel bedeutet wie „Mandala der farbigen Puder". Die Mönche arbeiten tagelang daran, indem sie farbigen Sand durch einen feinen Metalltrichter schütten. Zuerst wird der Boden geweiht, auf dem das Mandala entstehen soll. Anschließend zeichnet man die Umrisse mit weißer Tinte und gestaltet das Mandala, vom Zentrum ausgehend, nach allen Richtungen hin aus. Dies soll darauf hinweisen, dass die Welt aus einer einzigen Zelle entstanden ist. Die traditionellen Farben der tibetischen Mandalas sind Weiß, Rot, Gelb, Grün und Blau. Manchmal wird auch Gold verwendet.

Gewöhnlich bestehen sie aus einem äußeren Viereck, das ein, zwei, drei oder vier konzentrische Kreise umschließt. Der äußere Kreis steht für einen Feuerring, der dem Nichteingeweihten den Zutritt verwehrt und die Unwissenheit in Flammen aufgehen lässt. Innerhalb dieses Kreises liegen ein Diamantring, der die Erleuchtung versinnbildlicht, ein Ring, der acht Friedhöfe symbolisiert, die Erkenntnis bedeuten, und der innere Ring aus Lotosblättern, der die geistige Wiedergeburt symbolisiert. Im Inneren dieses Kreises befindet sich ein weiteres Viereck, das von Linien, die in die jeweils gegenüberliegenden Ecken führen, in vier Dreiecke aufgeteilt wird. In jedem Dreieck befindet sich ein weiterer Kreis. Ein fünfter Kreis bildet das Zentrum des Mandalas, der die Symbole von fünf Gottheiten enthält.

Die Anfertigung eines solchen Mandalas erzeugt eine gewaltige Heilenergie. Sobald es fertig ist, hat es seine Aufgabe erfüllt, und die anschließende Zeremonie sendet diese Heilenergie in die Welt hinaus. Das Mandala wird zerstört, indem man den Sand in seine Mitte zusammenkehrt, in eine Urne füllt und in einen nahegelegenen Fluss schüttet. Von hier aus wird er das Meer erreichen, um die Welt ziehen und Frieden und Harmonie verbreiten.

Mandalas eignen sich auch zu therapeutischen Zwecken, da sie die Gemütsverfassung und die Gefühle des Urhebers zum Zeitpunkt ihrer Entstehung deutlich widerspiegeln.

Künstler haben dies schon immer gewusst, aber der Schweizer Psychiater C. G. Jung (1875-1961) entdeckte als Erster ihre therapeutische Wirkung im mentalen und emotionalen Heilungsprozess. In ihren Mandalas brachten seine Patienten ihre tiefsten Gefühle und Stimmungen deutlich zum Ausdruck. Während sie ihre Bilder gestalteten, gelang es ihnen, die Geister zu vertreiben und sich von ihrem Schmerz und ihrem Trauma zu befreien.

Jung sah darin archetypische Symbole der Suche des Menschen nach psychischer Integration. Obgleich er sein erstes Mandala bereits im Jahre 1916 schuf, verstand er diese Zeichnungen erst einige Jahre später, und es dauerte weitere zehn Jahre, bis er sie in der Psychologie einführte. In seiner Autobiographie *Erinnerungen, Träume, Reflexionen* schrieb Jung: „Jeden Morgen zeichnete ich ein kleines kreisförmiges Gebilde, ein Mandala, in mein Notizbuch, das meinem jeweiligen Gemütszustand zu entsprechen schien. Mit Hilfe dieser Zeichnungen konnte ich von Tag zu Tag meine psychische Veränderung beobachten."

Mandalas geben die Bilder wieder, die unmittelbar aus der Seele kommen. Sobald sie sich zum Ausdruck gebracht haben, verlieren sie ihre Wirkung, und du kannst sie loslassen und voranschreiten. Worte sind logisch, stehen den Gefühlen aber im Wege. Die Schaffung eines Mandalas ermöglicht es dir, deine logische, linke Gehirnhälfte zu umgehen und dich direkt an deine Seele zu wenden.

Die Anfertigung eines Mandalas birgt zahlreiche Vorteile.
1. Ein Mandala zu malen, macht Spaß. Es ist eine kreative Tätigkeit, bei der du von deinen Alltagssorgen Abstand gewinnst.
2. Sie erweist sich als aufschlussreich und erhellend, da sie es dir ermöglicht, mit deinem wahren Inneren Kontakt aufzunehmen und regelmäßig dein sich stets veränderndes Lebensmuster zu entdecken.

3. Mandalas helfen dir, mit deinem höheren Selbst, dem innewohnenden Gottesfunken, in Verbindung zu treten und dadurch das Tor zur Hellsichtigkeit, Präkognition und Erleuchtung zu öffnen.
4. Ein Mandala zu malen, besitzt heilende und therapeutische Aspekte. Du kannst dich auf diesem Wege von Schmerzen und seelischen Erschütterungen befreien oder psychische Blockaden auflösen, die dich zurückhalten.

Mandalas werden gewöhnlich innerhalb eines Kreises gezeichnet, da der Kreis allgemein als Symbol der Ganzheit, Vollständigkeit, Vollkommenheit, Einheit und Ewigkeit gilt. Aus diesem Grunde schlage ich vor, dass du zunächst einige Erfahrungen mit dem kreisförmigen Mandala sammelst, ehe du mit anderen Formen experimentierst.

Das Einzige, das du benötigst, sind Farb-, Leucht- oder Zeichenstifte, weißes Papier und einen gut beleuchteten Platz, an dem dich mindestens dreißig Minuten lang niemand stört. Vielleicht möchtest du Musik hören, Kerzen und Räucherstäbchen anzünden. Ich bevorzuge die Stille, aber die meisten Leute scheinen es zu lieben, wenn im Hintergrund sanfte Musik spielt.

Zeichne als erstes einen Kreis auf ein Stück Papier. Ich benutze gewöhnlich einen Teller als Schablone. Halte einen Augenblick inne, bevor du beginnst. Ich persönlich atme einige Male tief durch, entspanne mich und beginne, mein Mandala zu skizieren.

DAS TÄGLICHE RITUAL

Es hat sich bewährt, jeden Tag ein Mandala zu zeichnen, denn im Laufe der Zeit wird ein faszinierendes Protokoll darüber entstehen, was in deinem Leben gerade vor sich ging, als du es zu

Papier brachtest. C. G. Jung malte täglich sein Mandala. Bevor du den Bleistift in die Hand nimmst und zu zeichnen beginnst, verweile einen Augenblick mit gelassener Ruhe. Es ist wichtig, der Sache nicht zu viel Aufmerksamkeit zu schenken. Zeichne ganz spontan. Beobachte deine Handbewegung, aber konzentriere dich nicht darauf. Lasse deine Hand einfach über das Papier gleiten und malen, was und wie sie will. Deine Hand wird wissen, wann sie den einen Bleistift hinlegt und zu einem anderen greift und wann sie aufhört.

Vielleicht möchtest du dein Mandala sofort auf seine Bedeutung hin untersuchen. Ich persönlich lege meine Zeichnung gewöhnlich eine Zeit lang beiseite, da ich sie besser verstehe, wenn ich ein wenig Abstand gewonnen habe. Manchmal liegt die Bedeutung eines Mandalas auf der Hand. Fühlst du dich niedergeschlagen, werden die Farben dunkler und die Ränder ausgezackter sein. Bist du glücklich, lässt sich dies an den helleren Farbtönen erkennen, und deine Schöpfung scheint fröhlicher und euphorischer zu sein.

ZWECKBESTIMMTE MANDALAS

Man kann auch ein Mandala zeichnen und eine gewisse Absicht damit verfolgen. Siehst du dich einem bestimmten Problem gegenüber, magst du während des Malens darüber nachdenken. Das fertige Mandala wird dir wertvolle Einsichten in die Angelegenheit verschaffen und dich oft von deiner Sorge befreien. Du legst das Problem in das Mandala hinein, was Heilung oder Loslösung bedeutet. Häufig erübrigt es sich, das Mandala hinterher zu untersuchen, da das Problem bereits hinter dir liegt und du weitergegangen bist.

Gestaltest du ein Mandala, um ein Problem zu lösen, darfst du das Muster und die Farben vorab bestimmen. Dabei kannst du bestimmte Symbole oder Vorstellungen verwenden, die du als hilfreich erachtest.

Du kannst sogar noch einen Schritt weitergehen und ein einfaches Mandala konstruieren, das du bei Bedarf jederzeit nachzuzeichnen vermagst. Anstatt herumzukritzeln, während du am Telephon auf jemanden wartest, bringe rasch dein spezielles Mandala zu Papier. Diese gedankenlos hingeworfenen Mandalas lassen sich nicht immer farbig ausgestalten, was keine Rolle spielt, sofern das ursprüngliche Mandala in Farbe gemalt wurde. Du kannst dir die jeweiligen Farben innerlich vorstellen, während du das Mandala skizzierst. Früher pflegte ich die einzelnen Farben mit Buchstaben und einem Pfeil zu kennzeichnen. „G" stand für Gelb, „B" für Blau und so fort. Mitunter gehe ich heute noch in dieser Weise vor, doch meistens stelle ich mir die Farben in ihrer jeweiligen Anordnung einfach nur vor.

Für jedes Problem lässt sich ein Mandala anfertigen. Fehlt es dir an Selbstvertrauen, schaffe ein Mandala, das Mut, Stärke, Selbstwertgefühl und Selbstvertrauen symbolisiert. Zeichne dieses Mandala möglichst oft. Jedesmal, wenn du es gestaltest, absorbierst du die Eigenschaften, die du dir wünschst.

Man kann Mandalas für sprühende Gesundheit, finanziellen Erfolg, gute Beziehungen, geistiges Wachstum und für jeden anderen Lebensbereich erstellen, den du entfalten möchtest.

Derartige Mandalas sollten immer innerhalb eines Kreises entstehen, da diese Form für Ganzheit und Einheit steht.

BEFRAGUNG DES MANDALAS

Um weitere Einblicke zu gewinnen, sollte man sich mit seinen Mandalas unterhalten. Die Erwiderungen kommen direkt aus deiner Seele. Stelle einfach eine Frage und warte auf die Antwort. Manchmal schreibe ich eine Frage auf. Ein anderes Mal denke ich sie nur oder spreche sie laut aus. Nachdem ich die Frage gestellt habe, sitze ich entspannt und mit geschlossenen Augen da, bis mich die Antwort erreicht. Meistens taucht sie als Gedanke auf. Es hat auch Augenblicke gegeben, in denen eine leise Stimme zu mir sprach. Wichtig ist, dass du die erste Antwort, die du wahrnimmst, akzeptierst. Es ist die Stimme deiner Seele. Höchstwahrscheinlich wirst du nicht die Antwort erhalten, die du erwartet oder dir gewünscht hast. Aus diesem Grunde warten die meisten Menschen auf weitere Hinweise. Leider ist nur die erste Antwort die wirklich wichtige. Spätere Erwiderungen stammen eher aus deiner rechten Gehirnhälfte und spiegeln nicht deine Seele, sondern das wider, was in deinem Verstand vor sich geht.

Wird deine Frage nicht beantwortet, stelle eine andere. Fahre in dieser Weise fort, bis du Verbindung aufgenommen hast. Wenn deine erste Frage beantwortet wurde, kannst du so viele zusätzliche Fragen stellen, wie du möchtest.

Manchmal scheinen die Antworten sich nicht auf die Frage zu beziehen. Stelle weitere Fragen und schaue, ob sie dir die gewünschten Einblicke verschaffen. Sollte dies nicht der Fall sein, warte einige Tage und stelle deine Frage erneut.

CHAKRA-MANDALAS

Nachdem du eine Weile mit den Mandalas experimentiert hast, möchtest du vielleicht eine Reihe von diesen Bildern schaffen, die die Chakras symbolisieren. Konzentriere dich beim Malen auf das jeweilige Chakra und visualisiere es in einem Zustand vollkommenen Gleichgewichts und in ausgezeichneter Gesundheit. Die Hauptfarbe dieser Chakra-Mandalas wird wohl von dem jeweiligen Chakra bestimmt werden. Doch fühle dich frei, so viele andere Farben mit einzubauen, wie du möchtest.

Hast du eine Reihe von Chakra-Mandalas geschaffen, kannst du sie in verschiedener Weise nutzen.

1. Du kannst deine Chakras ins Gleichgewicht bringen, indem du dich hinlegst und die einzelnen Mandalas dementsprechend auf deinen Körper platzierst. Entspanne dich und visualisiere, wie die Zeichnungen die Chakras neu beleben.

2. Du kannst ein bestimmtes Mandala verwenden, um ein erschöpftes Chakra ins Gleichgewicht zu bringen. Lege dich hin, das Mandala auf der entsprechenden Stelle, und nimm mindestens fünf Minuten lang seine Energie in dich auf.

3. Um ein überaktives Chakra auszugleichen, kannst du ein besonderes Mandala anfertigen. Gewöhnlich geschieht dies durch die Verwendung der Komplementärfarbe der Chakra-Farbe. (Die Komplementärfarben liegen sich auf dem Farb-Rad gegenüber. Rot ist die Komplementärfarbe von Grün und Indigo, Blau von Orange und Gelb von Violett.)

4. Wenn möglich, hänge die sieben Mandalas senkrecht in einer Reihe auf, und zwar an einer Stelle, an der du häufig vorübergehst, so dass deine Chakras jedesmal gestärkt und angeregt werden.

SYMBOL-MANDALAS

Bisher haben wir über die frei gestalteten Mandalas gesprochen, bei denen man innerhalb der Grundform alles, was man möchte, einzeichnen kann. Es gibt Mandalas, die aus geometrischen Symbolen bestehen, aus Vierecken, Kreisen, Dreiecken und Sternen, und die bei der Meditation Verwendung finden. Dazu gehören die indischen *Yantras*, die sich ausschließlich aus geometrischen Formen zusammensetzen.

Das Mandala entwickelt sich um den *bindu* (den Zentralpunkt) herum, der einem winzigen potenziellen Samenkorn entspricht. Dieser heilige Raum enthält alles.

Um ein geometrisches Mandala zu schaffen, benötigt man Zirkel und Lineale. Die Grundzeichnung kann man anschließend individuell kolorieren und dann das fertige Mandala in der üblichen Weise interpretieren oder die einzelnen geometrischen Formen gesondert deuten. Ein Viereck steht für Sicherheit, Gleichgewicht, Stabilität oder sogar für die Erde. Ein auf seiner Grundlinie stehendes Dreieck wird als männliches Symbol betrachtet und stellt das Feuer-Element dar. Ein auf seiner Spitze stehendes Dreieck versinnbildlicht das weibliche Prinzip und den Mond. Ein Kreuz ist das Symbol des christlichen Glaubens und kennzeichnet außerdem die vier Himmelsrichtungen. Ein Fünfeck steht für Harmonie, Gesundheit und die Menschheit. Wenn du solche Symbole in dein Mandala einbaust, gewinnst du eine zusätzliche Interpretationsebene. Du kannst dich auch fragen, warum du eine bestimmte geometrische Form oder Farbe gewählt hast, was ebenfalls Aufschluss geben mag.

WEITERE BETRACHTUNGSASPEKTE

Kreisförmige Mandalas gleichen dem Zifferblatt einer Uhr. Zwölf Uhr weist nach Norden, sechs Uhr nach Süden, drei und neun Uhr nach Osten beziehungsweise Westen. Eintretende Ereignisse lassen sich dementsprechend interpretieren.

Mit anderen Worten, alles, was sich in der oberen Hälfte des Mandalas befindet, steht mit dem Bewusstsein in Zusammenhang, während die untere Hälfte das Unterbewusste symbolisiert.

GRÖSSERE MANDALAS

Vor einigen Jahren spazierte ich einen verlassenen Strand entlang. Wenige Tage zuvor hatte dort ein Sturm gewütet und das Hochwasser allerlei Treibholz und Sonstiges angeschwemmt. Eigentlich beabsichtigte ich nicht, aus diesem Material ein Mandala zu schaffen, sah mich aber mit einem Mal inmitten eines großen Kreises, den ich gelegt hatte. Mit den verschiedenfarbigen Dingen, die ich fand, formte ich ein Muster darin. Schließlich ließ ich mich in seiner Mitte nieder, um auszuruhen und zu meditieren. Ich weiß nicht, wie lange ich dort gesessen habe, aber es erfüllten mich ein wunderbares Glücksgefühl und ein tiefer Friede. Seither habe ich mehrere große Mandalas geschaffen. Ich gestalte sie besonders gerne aus Felsbrocken und Steinen, verwende aber ansonsten jedes verfügbare Material.

Alle Mandalas haben ihre Berechtigung. Jedes Mandala, das du gestaltest, spiegelt im Augenblick seiner Herstellung dein unterbewusstes Denken wider. Aus diesem Grunde sollte man es nicht bewerten und als gut oder schlecht bezeichnen. Künstlerisches Können oder Geschicklichkeit sind nicht gefragt. Du musst sie niemandem zeigen. Sie sollen dir Freude bereiten. Lerne von ihnen und erkenne durch sie, was in deinem Leben wichtig ist.

Kapitel 10

Farbsymbolik

Seit uralter Zeit gelten Farben als Symbolträger. Überall auf der Welt sind sie Ausdrucksmittel von Gemütsstimmungen, Charakterzügen, Rang und Namen. Alle diese Dinge sind in deiner genetischen Veranlagung verankert. Ein einfacher Test beweist es. Wenn man dich bittet, den Begriffen Gefühl, Denken, Intuition oder Empfinden eine Farbe zuzuordnen, wirst du mit größter Wahrscheinlichkeit dieselben Farben nennen wie die meisten Leute, ungeachtet dessen, dass du einer anderen Kultur angehören magst.

Die Volkskunde ist erfüllt von Farbsymbolen. Schwarz wird gewöhnlich als die Farbe des Todes und der Trauer angesehen, während Rot allgemein als ein Symbol von Blut, Feuer, Leidenschaft und Leben gilt. Grün versinnbildlicht die Natur, Wiedergeburt und Hoffnung, während Blau den Himmel und die Unendlichkeit darstellt.

In der jüdischen und christlichen Mystik hat die Farbsymbolik stets eine wesentliche Rolle gespielt. Die Gnostiker ordneten Gottvater die Farbe Blau zu, dem Gottessohn Gelb und dem Heiligen Geist die Farbe Rot. Im Judentum betrachtet man Rot, Blau, Purpur und Weiß als die göttlichen Farben. Josephus schrieb: „Auch die Schleier, die sich aus vier Dingen zusammensetzten, verkündeten die vier Elemente. Das einfarbige (weiße) Linnen bedeutete die Erde, denn der Flachs wächst aus der Erde. Purpur bedeutete das Meer, denn das Blut des Schalentieres aus dem Meer färbt diese Farbe. Blau bedeutet die Luft und Scharlachrot weist natürlich auf das Feuer hin."

Dieses religiöse Interesse an der Farbsymbolik fand Eingang in die christliche Kunst.

RELIGIÖSE KUNST

Das Christentum brachte die Farben besonders in der religiösen Kunst zur Geltung. Einige wurden mit bestimmten Personen oder Gegenständen in Verbindung gesetzt und konnten daher nicht anderweitig verwendet werden. Dies gilt in erster Linie für buntes Fensterglas, kann aber auch in der religiösen Kunst gefunden werden.

WEISS

Weiß symbolisiert Reinheit, Unschuld, Jungfräulichkeit, Integrität, Demut und Leben. In der religiösen Kunst trug Gottvater weiße Gewänder, ebenso Jesus nach seiner Auferstehung. Auf Darstellungen ihrer Himmelfahrt trägt Maria Weiß. In Psalm 51,7 heißt es: „Wasche mich, und ich werde weißer sein als Schnee."

ROT

Rot symbolisiert göttliche Energie, Liebe und den Heiligen Geist. Im negativen Sinne steht es auch für Blut, Feindseligkeit und Bestrafung. Weiße und rote Rosen bedeuten in der religiösen Kunst Unschuld und geistige Liebe.

GELB

Gelb (und Gold) symbolisieren die Sonne, Fruchtbarkeit sowie die Güte und Vollkommenheit Gottes. Joseph, der Ehemann Marias, trägt Gelb. Diese Farbe steht aber auch für negative Eigenschaften, wie etwa Eifersucht, Betrug und Untreue. Judas Iskariot wird gewöhnlich in gelber Kleidung dargestellt. Die Heiligenscheine sind meistens gelb oder goldfarben, um die Schönheit und Verheißung des ewigen Lebens zum Ausdruck zu bringen.

GRÜN

Grün symbolisiert den Frühling, die Hoffnung und das Vertrauen auf ein immerwährendes Leben. Es ist auch die Farbe des Erfolges. Auf buddhistischen Gemälden wird Buddha häufig vor einem grünen Hintergrund gezeigt. Er symbolisiert die Fortdauer des Lebens im Gegensatz zu unseren kurzen Inkarnationen.

BLAU

Blau symbolisiert den Himmel, die Wahrheit, die Treue und das ewige Leben. Jesus und die Jungfrau Maria tragen gewöhnlich eine rote Tunika und einen blauen Mantel. Dies bedeutet Liebe (rot) und Wahrheit (blau). Der Evangelist Johannes trägt eine blaue Tunika mit einem roten Mantel. Im Laufe der Zeit änderten die Künstler die Farbe seiner Tunika und malten sie grün.

VIOLETT

Violett versinnbildlicht Liebe und geistige Vollkommenheit. Da es auch Leidenschaft und Leiden symbolisiert, wird es häufig von christlichen Märtyrern getragen. Die Jungfrau Maria wird nach der Kreuzigung in Violett dargestellt. Auch Jesus wird nach seiner Auferstehung häufig in violetten Gewändern gezeigt. Da Maria Magdalena auf den Bildern ebenfalls die Farbe Violett trägt, bezog man diese Farbe auf den reuigen Sünder.

GRAU

Grau symbolisiert Trauer, Kummer und Bescheidenheit. Aus diesem Grunde trugen die Franziskaner diese Farbe als erste und wurden daher die „Grauen Brüder" genannt.

SCHWARZ

Schwarz symbolisiert den Tod, die Trauer, das Böse, die Sünde und die Dunkelheit. Satan, der Prinz der Dunkelheit, trägt Schwarz. Auf Bildern, die die Versuchung darstellen, trägt Jesus manchmal schwarze Gewänder, was die teuflischen Verstrickungen und Verführungen zum Ausdruck bringen soll. Die Kombination von Weiß und Schwarz symbolisiert Reinheit, weshalb die Karmeliter und Dominikaner diese Farben tragen.

ASTROLOGISCHE FARBEN

Seit Tausenden von Jahren haben Farben in der Astrologie eine wesentliche Rolle gespielt. In der Antike bauten die Babylonier und Assyrer Stufentürme, die astrologischen Zwecken dienten. Sie glichen runden Sandburgen. Jede Ebene besaß eine andere Farbe. Diese Türme bestanden gewöhnlich aus sieben Ebenen, welche die sieben bekannten Planeten symbolisierten. Als man in Barsippa den gewaltigen Tempel Nebukadnezars freilegte, stellte man fest, dass jedes Stockwerk in einer anderen Farbe ausgeschmückt worden war. Die Grundebene zeigte sich schwarz und symbolisierte Saturn. Die zweite Ebene war orange und repräsentierte Jupiter, die dritte rot für Mars, die vierte gelb für die Sonne, die fünfte grün für die Venus und die sechste blau für Merkur. Die oberste Ebene war dem Mond geweiht, und man nimmt an, dass sie weiß gewesen ist.

In der Astrologie spielen Farben sowohl bei den Sternzeichen als auch bei den Planeten eine Rolle. Vielleicht fühlst du dich zu einer der Farben, die sich auf dein Sternzeichen beziehen, hingezogen. Einige Farbzuordnungen reichen viele tausend Jahre zurück. Diese frühen Zuschreibungen stehen in Klammern.

- Widder: (rot)
- Stier: gelb, rosa, blassblau, (helles Grün)
- Zwilling: violett, gelb, (braun)
- Krebs: grün, grau, (weiß, silberfarben)
- Löwe: orange (goldfarben)
- Jungfrau: violett, marineblau, dunkelgrau
- Waage: gelb, blassblau, pink, grün
- Skorpion: rot, (zinnoberrot)
- Schütze: purpurfarben, (himmelblau)
- Steinbock: blau, dunkelgrün, (schwarz)
- Wassermann: Indigo, (grau)
- Fische: Indigo, (wasserblau)

Es gibt zahlreiche Farbkombinationen. Im Laufe der Jahre hat man unterschiedliche Systeme der Entsprechungen entwickelt, was bisweilen zu Verwirrungen führte. Wahrscheinlich hat der „Golden Dawn" ein weiteres System der Farbentsprechungen ersonnen, um eine gewisse Norm festzulegen. Er versuchte, die zwölf Tierkreiszeichen mit den sieben Regenbogenfarben in Zusammenhang zu bringen.

- Widder: Rot
- Stier: Rot/Orange
- Zwilling: Orange
- Krebs: Gelb/Orange
- Löwe: Gelb
- Jungfrau: Gelb/Grün
- Waage: Grün
- Skorpion: Blau/Grün
- Schütze: Blau
- Steinbock: Indigo
- Wassermann: Violett
- Fische: Rot/Violett

Ich persönlich bevorzuge die Farbentsprechungen der alten Astrologen. Jeder sollte das System wählen, das ihn am stärksten anspricht.

Manche Leute verbinden die Regenbogenfarben mit den einzelnen Wochentagen und dadurch mit den einzelnen Planeten.

- Sonne: Rot (Sonntag)
- Mond: Orange (Montag)
- Mars: Gelb (Dienstag)
- Merkur: Grün (Mittwoch)
- Jupiter: Blau (Donnerstag)
- Venus: Indigo (Freitag)
- Saturn: Violett (Samstag)

Die folgende Aufstellung hat sich als besonders hilfreich erwiesen, wenn man die Farbe für einen speziellen Tag einsetzen möchte. Ich habe den Wochentag hinzugefügt, den jeder Planet symbolisiert.

- Sonne: Gelb, Gold, Orange (Sonntag)
- Mond: Blau, Weiß, Silber, Grau (Montag)
- Mars: Rot, Orange, Rosa (Dienstag)
- Merkur: Orange, Violett, Silber (Mittwoch)
- Jupiter: Violett, Blau (Donnerstag)
- Venus: Grün, Rosa, Weiß (Freitag)
- Saturn: Indigo, Grau (Samstag)

Seit Jahrtausenden hat man bestimmte Tage als Glücks- oder Unglückstage betrachtet. Der römische Senat versammelte sich niemals an einem Freitag, da dieser als gefährlich galt.

GLÜCKSTAGE

- Montag: Mond – friedlich und ruhig
- Mittwoch: Merkur – Erfolg
- Donnerstag: Jupiter – Mut, Ausdauer, Willenskraft
- Sonntag: Sonne – Glück und Erholung

UNGLÜCKSTAGE

- Dienstag: Mars – Kampf, Uneinigkeit, Fehlschlag
- Freitag: Venus – Leidenschaft
- Samstag: Saturn – Gefahr, Katastrophe, Tod

Nicht nur die Tage, sondern auch die einzelnen Stunden lassen sich mit den Farben in Verbindung bringen. Diese Stunden zählen nicht genau sechzig Minuten, da sich der Tag in zwei Abschnitte aufteilt, von Sonnenaufgang bis Sonnenuntergang und von Sonnenuntergang bis Sonnenaufgang. Jede Periode wird durch zwölf geteilt, wodurch die sogenannten „planetarischen Stunden" entstehen. Im Winter zählen die planetarischen Tagesstunden weitaus weniger als sechzig Minuten, während die Nachtstunden länger sind. Das Gegenteil ist im Sommer der Fall.

Die planetarischen Stunden beginnen bei Sonnenaufgang und enden am nächsten Tag bei Sonnenuntergang. Folglich gehören die Stunden vor Sonnenaufgang zum vorangegangenen planetarischen Tag.

Die Anordnung der Planeten wird durch die Wochentage bestimmt. Der Tagesplanet steht ebenfalls für die erste Stunde des Tages, und die anderen Stunden folgen der Reihe nach. Die Sonne regiert die erste Stunde des Sonntags, da die Sonne den Sonntag symbolisiert. Der Mond steht für die erste Stunde des Montags, Mars für die erste Stunde des Dienstags und so fort. Im Folgenden die zwölf Stunden des Sonntags:

- Erste Stunde: Sonne, Gelb (Sonnenaufgang)
- Zweite Stunde: Venus, Grün
- Dritte Stunde: Merkur, Rot
- Vierte Stunde: Mond, Blau
- Fünfte Stunde: Saturn, Indigo
- Sechste Stunde: Jupiter, Violett
- Siebte Stunde: Mars, Orange
- Achte Stunde: Sonne, Gelb
- Neunte Stunde: Venus, Grün
- Zehnte Stunde: Merkur, Rot
- Elfte Stunde: Mond, Blau
- Zwölfte Stunde: Saturn, Indigo
- Dreizehnte Stunde: Jupiter, Violett
- Vierzehnte Stunde: Mars, Orange

- Fünfzehnte Stunde: Sonne, Gelb
- Sechzehnte Stunde: Venus, Grün
- Siebzehnte Stunde: Merkur, Rot
- Achtzehnte Stunde: Mond, Blau
- Neunzehnte Stunde: Saturn, Indigo
- Zwanzigste Stunde: Jupiter, Violett
- Einundzwanzigste Stunde: Mars, Orange
- Zweiundzwanzigste Stunde: Sonne, Gelb
- Dreiundzwanzigste Stunde: Venus, Grün
- Vierundzwanzigste Stunde: Merkur, Rot

Diese Spezifizierung fügt eine weitere Dimension hinzu und kann von Vorteil sein, wenn man ein bestimmtes Ritual während der planetarischen Stunde durchführt, die mit derjenigen Farbe oder dem Planeten in Zusammenhang steht, die am besten zu dem jeweiligen Wunsch passen. Die planetarischen Stunden sind besonders wichtig, wenn man ein Amulett oder einen Talisman herstellt. Man kann auch eine bestimmte Stunde wählen, da dieser Planet das Tierkreiszeichen regiert.

- Die Sonne regiert Löwe.
- Der Mond regiert Krebs.
- Merkur regiert Zwilling und Jungfrau.
- Mars regiert Widder (Skorpion).
- Venus regiert Stier und Waage.
- Jupiter regiert Schütze (Fische).
- Saturn regiert Steinbock (Wassermann).
- Uranus regiert Wassermann.
- Neptun regiert Fische.
- Pluto regiert Skorpion.

Die Astrologen der Antike kannten natürlich weder Uranus, noch Neptun und Pluto. Aus diesem Grunde wurde Wassermann dem Saturn, Fische dem Jupiter und Skorpion dem Mars zugeordnet.

TAROT-KARTEN

Das Tarot-Spiel besteht aus achtundsiebzig Karten. Ihre farbenprächtigen Muster und Bilder stecken voller Symbole, bei denen die Farben eine große Rolle spielen. Besonders die folgenden Karten beziehen sich auf die Hauptfarben:

- Rot: Der Triumphwagen
- Orange: Die Kaiserin
- Gelb: Die Sonne
- Grün: Die Mäßigkeit
- Blau: Der Magier
- Indigo: Die Welt
- Violett: Der Kaiser
- Rosa: Das Liebespaar
- Dunkelrot: Der Einsiedler
- Weiß: Der Stern
- Braun: Der Teufel
- Schwarz: Der Tod
- Grau: Die Gerechtigkeit

Es gibt verschiedene Möglichkeiten, sich dieser Karten zu bedienen. Man kann eine Karte aussuchen und sie als Schutzschild bei sich tragen. Sowohl sie selbst als auch die Farbenergie, die du wünschst, werden deine Wahl bestimmen. Vielleicht wählst du eine Karte für deinen Altar, damit sie dich während der Durchführung eines Rituals mit einer speziellen Farbe versorgt und gleichzeitig ihre eigene Energie hinzufügt.

Ich meditiere gerne mit Tarot-Karten. Manchmal benutze ich einige Karten aus einem einzigen Satz und ein anderes Mal wähle ich nur eine einzige Karte und entnehme sie verschiedenen Spielsätzen. Dies gibt mir die Möglichkeit, die unterschiedliche künstlerische Gestaltung zu betrachten, was sich besonders beeindruckend in der Farbwahl äußert.

DER ZAUBER DER BLUMEN

Es gibt eine Reihe von Büchern, die sich mit der Bedeutung einzelner Blumen befassen. Eine Rose bedeutet Liebe. (Ein Witzbold meinte einmal, eine einzelne Rose sage noch sehr viel mehr aus. Sie bedeute auch: „Ich bin billig!") Blumen lassen sich vielfältig einsetzen, wie die folgende Methode der Weissagung zeigt, die sieben Faktoren beinhaltet.

1. Fragestellung
2. Wahl der Blume
3. Wochentag, an dem die Blume vollständig aufblühte.
4. Numerologischer Tag
5. Blumenfarbe
6. Numerologische Bedeutung der Blume
7. Interpretation der Ergebnisse

Fragestellung

Man kann zu jedem Thema Fragen stellen, wenn sie ernsthaft gemeint sind. Obwohl die Möglichkeit besteht, die Fragen für andere zu stellen, lassen sich bessere Ergebnisse erzielen, wenn man in eigenen Angelegenheiten fragt.

Wahl der Blume

In diesem Fall sollte man eine voll erblühte Blume an dem Wochentag wählen, der mit der Frage in Zusammenhang steht. Jeder Wochentag steht mit einer bestimmten Art von Frage in Verbindung.

- Sonntag: Ein guter Tag, um Fragen zu stellen, die sich auf geldliche und geschäftliche Angelegenheiten und finanziellen Erfolg beziehen.
- Montag: Ein guter Tag, um Fragen zu stellen, welche die Gesundheit betreffen.
- Dienstag: Ein guter Tag, um Fragen in Bezug auf Probleme und Schwierigkeiten zu stellen.
- Mittwoch: Ein guter Tag, seelische oder geistige Dinge anzusprechen.
- Freitag: Ein guter Tag, um Fragen zu stellen, die mit der Liebe und engen Beziehungen in Zusammenhang stehen, einschließlich Ehe und Scheidung.
- Samstag: Ein guter Tag, um Dinge zu hinterfragen, die verwirrend, geheimnisvoll oder faszinierend erscheinen.

Die Wahl der Blumen hängt natürlich von der jeweiligen Jahreszeit ab und wird im Winter begrenzter sein als in den Sommermonaten. Mitten im Winter scheint nichts zu blühen, doch im Januar gibt es Primeln, Krokus und Iris und im Februar Tulpen und Osterglocken. Wähle eine Blume, die dir gefällt und die du leicht zu identifizieren vermagst.

NUMEROLOGISCHER TAG

Dieser wird bestimmt, indem man Monat, Tag und Jahr addiert, an dem die Wahrsagung stattfindet, und die Summe auf eine einzige Zahl reduziert. Nehmen wir an, es handelt sich um den 12. August 2006.

1+2 (Tag)+ 8 (Monat)+ 2+0+0+6 (Jahr) = 19
1+9= 10 und 1+0 = 1

Der 12. August 2006 ist – numerologisch gesehen – ein Tag mit der Zahl eins.

Ein anderes Beispiel: 3. Januar 2007:
1+3+2+0+0+7 = 13 und 1+3= 4

Der 3. Januar 2007 wäre demnach ein Tag mit der Zahl vier.
Jeder Tag hat seine eigene Bedeutung.

- Tag eins: Gut, um etwas Neues zu beginnen und Veränderungen vorzunehmen. Du wirst voller Enthusiasmus, Energie und guter Ideen sein.
- Tag zwei: Ein guter Tag für enge Beziehungen und intuitive Einblicke. Manchmal ist Geduld vonnöten, da sich die Dinge an diesem Tag nur langsam entwickeln.
- Tag drei: Ein guter Tag für Geselligkeit. Unbeschwerte, heitere Aktivitäten werden bevorzugt.
- Tag vier: Gut für Routine- und Alltagsarbeiten. Harte Arbeit, die sich auszahlt und zufriedenstellt.
- Tag fünf: Ein Tag der Veränderung und Vielfalt. Gut, um etwas Neues zu wagen oder endlich Dinge zu unternehmen, die man schon lange vorhat.
- Tag sechs: Ein guter Tag für Tätigkeiten zu Hause und

innerhalb der Familie. Enge Beziehungen stehen im Vordergrund.

- Tag sieben: Du hast das Bedürfnis, dir ein wenig Zeit für dich selbst zu nehmen, um mit deiner inneren Natur Verbindung aufzunehmen, zu lernen und geistig zu wachsen.
- Tag acht: Ein dynamischer, progressiver Tag, an dem deine Fähigkeiten ihren Höhepunkt erreichen. Er eignet sich besonders für wirtschaftliche Unternehmungen.
- Tag neun: Ein guter Tag, die Dinge zu überdenken und Zukunftspläne zu schmieden. Verständnis und Mitgefühl sollten den emotionalen Überschwang drosseln.

BLUMENFARBE

Gewöhnlich fällt uns zunächst die Farbe einer Blume auf. Jeder hat seine besondere Vorliebe. Da die Blumenfarbe bei der Weissagung zu den wichtigsten Faktoren gehört, bedarf sie der Deutung.

Weiß

Eine weiße Blume steht für Unschuld, Reinheit, Jungfräulichkeit, Vertrauen und Ehrlichkeit.

Rot

Eine rote Blume bedeutet Liebe, Leidenschaft, Stärke und Mut.

Gelb

Eine gelbe Blume symbolisiert Großzügigkeit, Glück, Fülle, Reichtum und Fruchtbarkeit.

Grün

Eine grüne Blume steht für Hoffnung, Erwartung und Wachstum.

Blau

Eine blaue Blume versinnbildlicht Wissen, Weisheit, Spiritualität und Kultiviertheit.

Purpur

Eine purpurfarbene Blume steht für Ehrgeiz, Macht, Errungenschaft und Position.

NUMEROLOGIE DER BLUMEN

Der Blumenname ist ebenfalls von Bedeutung. Wir sprachen bereits über die persönliche Farbe. Zur Bestimmung der Bedeutung von Blumen lässt sich dieselbe Tabelle verwenden.

1	2	3	4	5	6	7	8	9
A	B	C	D	E	F	G	H	I
J	K	L	M	N	O	P	Q	R
S	T	U	V	W	X	Y	Z	

Rosen sind immer beliebt. Wie verhält es sich in ihrem Falle mit der Numerologie?

ROSE

9 6 1 5 = 21 und 2 + 1 = 3. Die Rose drückt sich durch die Zahl drei aus. Drei steht für Vergnügen und Lachen und symbolisiert die Lebensfreude.

Hinzu kommt die Seelenzahl, die elf beträgt (aus O und E) und Erleuchtung, Inspiration und Intuition bedeutet.

Rosen bringen die Freude und das Lachen in unser Leben. Sie öffnen aber auch das Tor zu unserem höheren Selbst und ermöglichen es uns, Zugang zu unserer Intuition und unseren tiefsten, erleuchtenden und inspirierenden Gedanken zu finden.

Ein weiteres Beispiel:

R	H	O	D	O	D	E	N	D	R	O	N
9	8	6	4	6	4	5	5	4	9	6	5

$= 71$ und $7 + 1 = 8$

Der Rhododendron ist eine machtvolle Blume, die Geld und anderen materiellen Gewinn anzuziehen vermag. Ihre Seelenzahl ist die Fünf (aus dreimal O und dem E), was auf Freiheit, Vielfalt und Veränderung hindeutet. Die Fünf bezieht sich auf wirtschaftliche Selbstständigkeit. Der bescheidene Rhododendron eignet sich gut für Menschen, die in ihrem eigenen Geschäftsunternehmen Gewinne erzielen wollen.

DEUTUNG DER ERGEBNISSE

Nehmen wir an, du fühlst dich zu jemandem hingezogen und möchtest wissen, ob deine Gefühle erwidert werden. Der richtige Tag, eine solche Frage zu stellen, ist der Freitag. Du wartest bis Freitagmorgen und fragst dann: „Ist…..in mich verliebt?" Deinem Kalender entnimmst du, dass es sich um den 1. Juli 2005 handelt. Es ist ein Sechser-Tag

Du hältst nach einer aufgeblühten Blume Ausschau und entdeckst eine wunderschöne gelbe Ringelblume (Marigold).

Im nächsten Schritt errechnest du die numerologische Bedeutung.

M A R I G O L D
4 1 9 9 7 6 3 4

= 43 und 4 + 3 = 7. Diese Blume bringt sich durch die Zahl sieben zum Ausdruck. Ihre Seelenzahl lautet ebenfalls sieben (A, I und O).

Mit anderen Worten: Am Freitag, dem 1. Juli 2005, stellst du die Frage, ob eine bestimmte Person in dich verliebt ist.

Du wählst die Ringelblume, da sie gelb ist. Diese Farbe steht für Großzügigkeit, Glück und Fruchtbarkeit, Faktoren, die eine Beziehung begünstigen, besonders wenn eine Familie gegründet werden soll.

Das Datum erweist sich ebenfalls als günstig, da es sich um einen Sechser-Tag handelt, der alle engen Beziehungen fördert.

Aber nicht alle Aspekte der Lesart sind positiv, weil es eine zweite Sieben gibt. Die Sieben ist reserviert, introspektiv und nahezu undurchschaubar.

Fast alle Ergebnisse verlaufen in dieser Form. Wenn alles positiv ist, weiß man sofort, dass die Antwort positiv ausfallen wird. In den meisten Fällen wird sich eine Mischung aus positiven und negativen Hinweisen ergeben, die ausgeglichen und miteinander vereinbart werden müssen.

Ist der eventuelle Partner introspektiv und schwierig zu verstehen, deuten die beiden Sieben auf sie oder ihn. Ist dies nicht der Fall, ist Vorsicht geboten. Du solltest die andere Person ein wenig besser kennenlernen und dann die Frage erneut stellen.

BLUMENDEUTUNG FÜR ANDERE

Bei der Blumendeutung handelt es sich um eine ungewöhnliche, übersinnliche Fähigkeit. Die Deutung von Tarot-Karten, Handlinien oder Runensteinen ist gebräuchlicher. Um Blumen zu deuten, bedarf es einer ausgeprägten Intuition und einer guten Beobachtungsgabe.

Um seine Blume möglichst frisch zu erhalten, bringt der Klient sie in einer mit Wasser gefüllten Vase. Der Blumendeuter nimmt sie heraus, betrachtet sie eingehend und achtet auf Zeichen, die den meisten Menschen wohl entgehen.

Die Interpretation erfolgt vom unteren Ende des Stengels bis hinauf zur Blütenspitze. Das Stielende bezieht sich auf die Kindheit der Person und weist auf eine schwierige Zeit hin, wenn die Blume abgerissen oder grob abgeschnitten wurde. Eine glatte Schnittfläche bedeutet das genaue Gegenteil.

Der Stiel selbst stellt das Leben der Person bis zur Gegenwart dar. Die Blüte steht für die Zukunft. Unebenheiten, wie Verfärbungen, Verdünnungen oder Verdrehungen des Stiels, zeigen die schwierigen Lebensphasen an. Neue Triebe deuten auf Neubeginn hin, und Blätter symbolisieren Freunde und Familie.

Die sorgfältige Betrachtung der Blüte gibt Aufschluss über die Zukunft des Klienten. Es werden die gewählte Farbe und die Blütenfülle begutachtet. Eine Knospe weist darauf hin, dass die Lösung des Problems noch ansteht. Eine Blüte symbolisiert den positiven Ausgang, und eine verblühende Blume deutet darauf hin, dass sich das Ergebnis bereits eingestellt hat, auch wenn sich der Klient dessen nicht bewusst sein mag.

Die Farbe gibt gewöhnlich Aufschluss über die Natur des Problems:

- Weiß: Vertrauen
- Rot: Liebe und Leidenschaft
- Gelb und Orange: Geschäftliche Angelegenheiten
- Grün: Hoffnung, Erwartung, Wachstum
- Blau: Wissen und Spiritualität
- Purpur: Ambition und Macht

Erst wenn du es versucht hast, wirst du wissen, ob dir eine solche Fähigkeit zu eigen ist. Ich bin der Meinung, dass jeder die Anlage zur Hellsichtigkeit besitzt, obwohl diese natürliche Fähigkeit in den meisten Fällen niemals entwickelt wurde. Solltest du an der Entfaltung deiner übersinnlichen Fähigkeiten arbeiten, kann dir die Blumendeutung vielleicht dabei helfen, sie auf eine andere Ebene zu heben.

DEINE PERSÖNLICHE BLUME

Es gibt eine Blume, die mit dem Geburts-Tag in Verbindung steht und auf eine einzelne Zahl reduziert wird, da die Meisterzahlen nicht dazugehören. Demnach wird die Zahl elf auf eine Zwei reduziert (1+1=2), und aus zweiundzwanzig wird vier.

Geburts-Tag	Blume
1, 10, 19, 28	Lilie
2, 11, 20 , 29	Jasmin
3, 12, 21, 30	Maiglöckchen
4, 13, 22, 31	Glockenblume
5, 14, 23	Gardenie
6, 15, 24	Rose
7, 16, 25	Lavendel
8, 17, 26	Kamelie
9, 18, 27	Rosmarin

Jede Blume mit einer Ausdrucks- oder Seelenzahl, die mit dem Lebensweg, dem Ausdruck, Seelenwunsch oder Geburtstag in Verbindung steht, besitzt eine enge Beziehung zu dir und kann als „deine" Blume bezeichnet werden.

FARBTRÄUME

Der Mensch verbringt etwa ein Drittel seines Lebens im Schlaf. Davon sind ungefähr ein Viertel – zwei Stunden pro Nacht – dem Traum gewidmet. Es hat den Anschein, dass eine gute geistige Gesundheit der Träume bedarf. Einige Leute behaupten, niemals zu träumen. Dies liegt daran, dass sie ihre Träume unmittelbar nach dem Erwachen vergessen. Meistens erinnert man sich nur bruchstückhaft an sie, so dass man sie nicht zu verstehen vermag und ihnen kaum Beachtung schenkt. Dies ist sehr schade, denn Träume können dazu beitragen, den Sinn seines Lebens zu erfassen.

Manche Leute scheinen immer farbig zu träumen, während die Träume anderer nur in Schwarzweiß oder teils farbig, teils schwarzweiß ablaufen, letzteres manchmal in einer Nacht.

Es gibt zahlreiche Theorien in Bezug auf diesen Tatbestand. Die eine besagt, dass Farbträume ein Zeichen des Unwohlseins sind und die Hauptfarbe auf den Krankheitszustand hinweist. Eine andere Theorie lautet, dass jemand farbig träumt, wenn er sich an seine Kindheit erinnert, da sie hell und farbenfroh erscheint, wenn man Jahre danach auf sie zurückblickt. Möglicherweise sind Farbträume eine andere Art der Symbolik. Die Botschaft offenbart sich nicht durch einen Gegenstand oder eine Erfahrung, sondern durch eine bestimmte Farbe. Die verschiedenen Möglichkeiten lassen sich leider nicht mit einer einzigen Aussage beantworten. Man sollte allen seinen Träumen Beachtung schenken, gleichgültig ob sie farbig erscheinen oder nicht.

Farben besitzen symbolische Bedeutung. Wenn du dich beim Erwachen an eine bestimmte Farbe erinnerst, geschieht dies wahrscheinlich nicht ohne Grund. Manchmal liegt er auf der Hand. Ein Alptraum wird sich in unangenehmen Farbtönen zeigen, während Gold auf eine bevorstehende Ehrung oder Anerkennung hinweist. Im Folgenden werden einige weniger leicht zu deutende Farben aufgeführt.

Schwarz

Schwarz deutet auf Hindernisse. Wahrscheinlich fühlst du dich frustriert oder machtlos, musst aber dein Ziel verfolgen, ungeachtet der Gleichgültigkeit oder Einmischung anderer.

Blau

Blau ist ein Zeichen für geistigen Fortschritt. Du bist bereit, gemeinsam mit anderen für das Richtige und Gute zu wirken. Diese Farbe ist außerdem ein Zeichen von Wohlbehagen, Sicherheit und Liebe.

Braun

Braun ist ein Zeichen von harter Arbeit. Um eine bestimmte Aufgabe zu erfüllen, musst du hart und lange arbeiten. Du wirst dich fragen, warum du dies mitunter tust, doch dein Beitrag wird sich schließlich lohnen.

Gold

Gold weist auf letztendlichen Erfolg. Es symbolisiert Erleuchtung und Verwirklichung und weist darauf hin, dass der richtige Weg eingeschlagen wurde.

Grau

Grau ist ein Zeichen von Zweifel und Unsicherheit. Du solltest innehalten und dich fragen, ob du dich allen Beteiligten gegenüber fair verhältst.

Grün

Grün ist ein Zeichen geistiger, mentaler, emotionaler und körperlicher Gesundheit. Du unterziehst dich einem Läuterungsprozess und erhältst die Gelegenheit, etwas aus deinem Leben zu machen. Grün sorgt für Harmonie und Zufriedenheit.
Ein schmutziges, trübes Grün weist auf Neid und Hass hin.

Indigo

Diese Farbe wird im Traum nur selten wahrgenommen. Sie ist ein Zeichen von Hellsichtigkeit und Präkognition, besonders in Bezug auf Menschen, die dir nahe stehen.

Orange

Orange ist ein Zeichen der Vitalität und Belebung. Es weist auf den nächsten Berufsschritt hin. Zu viel Orange deutet auf Sinnenlust und Stolz.

Rosa

Rosa bedeutet Liebe, Zärtlichkeit und Sensitivität. Es wirkt harmonisierend auf die Seele und bringt sie wieder ins Gleichgewicht. Im Traum kann diese Farbe manchmal das Bedürfnis nach Liebe bedeuten.

Rot

Rot ist ein Zeichen von Macht, Energie, Leidenschaft, Antriebskraft, Ambition und Integrität. In den meisten Fällen ist diese Farbe ein positives Zeichen, aber ein schmutziges Rot deutet auf Ärger und Aggression.

Silber

Silber ist ein Zeichen von Besonnenheit. Es symbolisiert Geheimnisse, geheime Wünsche und wechselnde Bindungen. Es ist ein Zeichen von Intuition, doch aufgrund möglicher Selbsttäuschung müssen die Ergebnisse sorgfältig abgewogen werden.

Violett

Violett ist ein Zeichen von Selbstlosigkeit, Spiritualität, des Schutzes und der Weisheit. Diese Farbe weist darauf hin, dass man sich von den Begierden des niederen Selbst befreit und die Verantwortung für sein Leben übernommen hat und auf seinem Weg voranschreitet.

Weiß

Weiß ist ein Symbol von Spiritualität, innerem Frieden, Reinheit und Vollkommenheit. Große weiße Flächen im Traum können auf eine unbeugsame, missbilligende Lebensbetrachtung hinweisen.

Gelb

Gelb symbolisiert das Denken, den Intellekt und den Wunsch zu lernen, was sorgfältig gelenkt werden sollte, da die Tendenz besteht, viele Dinge anzufangen, aber nur wenige zu Ende zu führen. Oft weist diese Farbe auf ein Problem hin, dessen Lösung intensiven Nachdenkens bedarf.
Ein schmutziges Gelb symbolisiert Unehrlichkeit und Betrug.

FARBZEICHNUNG

Hierbei handelt es sich um eine interessante Methode, den symbolischen Charakter von Träumen zu erfassen, auch wenn sie angeblich nur in Schwarzweiß abliefen. Sie wirkt sogar in Fällen, in denen man sich nach dem Erwachen kaum an sie zu erinnern vermag.

Lege vor dem Zubettgehen einen Zeichenblock und einige Farbstifte auf den Nachttisch. Nimm sie unmittelbar nach dem Erwachen zur Hand und zeichne, was dir gerade in den Sinn kommt, indem du diejenigen Farben verwendest, die dir die richtigen zu sein scheinen. Die Zeichnung als solche ist unwichtig. Sie kann abstrakt, gegenständlich oder einer Karikatur ähnlich sein oder einfach nur aus ein paar Farbklecksen bestehen. Bist du fertig, stehe auf und bereite dich auf den Tag vor. Denke nicht über deine Malerei nach, sondern wende dich ihr erst später wieder zu, wenn es deine Zeit erlaubt.

Betrachte sie eine Weile, ohne sie zu bewerten, und achte darauf, was du dabei empfindest. Als ich mich das erste Mal mit dieser Übung befasste, malte ich einen Tannenbaum mit braunem Stamm, grünem Nadelkleid und einem roten Ball an seiner Spitze. Es hätte ein Weihnachtsbaum sein können, der darauf wartete, geschmückt zu werden. Er sagte mir überhaupt nichts, denn es handelte sich um einen jener Bäume, die ich meistens aus Langeweile auf Papier kritzele. Doch nach einer Weile überraschte mich seine Aussage.

Damals trug ich mich mit einem neuen geschäftlichen Vorhaben, und der Baum schien Erfolg zu versprechen. Die abgestuften Seiten des Baumes glichen einer aufwärts steigenden Treppe, was ich als positives Zeichen betrachtete. Die meisten Bäume sind grün, dennoch schien dieses Grün auf eine finanzielle Möglichkeit hinzudeuten und der rote Ball wies darauf hin, dass ich die erforderliche Motivation und Ausdauer besaß, um mein Ziel zu erreichen.

Aufgrund dieser Betrachtung vermochte ich mich teilweise an meinen Traum zu erinnern. Als ich aufwachte, wusste ich nichts, aber nun stand er mir lebendig vor Augen. Ich war in einer großen Stadt umhergefahren, um ein bestimmtes Produkt anzubieten, das alle ablehnten, aber ich war entschlossen, nicht aufzugeben.

Auch dies schien auf Erfolg hinzuweisen, und ich widmete mich meinem Vorhaben umso intensiver.

Sollte anstelle eines Bildes eine Form entstehen, lässt sich auch diese interpretieren. Wichtig dabei ist stets die Wahl der Farbe, und man frage sich, warum man diesen und nicht einen anderen Farbton ausgesucht hat. Die Form kann ebenfalls gedeutet werden. Mitunter enthält eine Zeichnung zwei oder drei Symbole. Die Bedeutung der gebräuchlichsten Formen sind:

- Quadrat: Sicherheit, Gleichgewicht, tiefes Vertrauen, Beständigkeit.
- Kreis: Einheit, Ganzheit, Schutz, Vollkommenheit.
- Dreieck: Leben, Göttlichkeit, Harmonie, Wohlstand.
- Stern: Führung, Wachen, hohe Ideale, Einblick und Inspiration.
- Kreuz: Scheidewege. Es muss eine Entscheidung getroffen werden.
- Spirale: Zyklische Entwicklung, die Höhen und Tiefen des Lebens. Mit dem Strom schwimmen und sich ihm nicht entgegenstellen.

EINDEUTIGE TRÄUME

Fast jeder hat die Erfahrung gemacht, sich mitten im Traum bewusst zu werden, dass er träumt. Leider wachen die meisten Menschen in diesem Augenblick auf und versäumen die Gelegenheit, wertvolle Einsichten zu gewinnen. Bitte darum, dass der Traum dich an einen Punkt führt, der erkennen lässt, was sich momentan in deinem Leben abspielt. Beobachte die Szene genau, achte auf möglichst viele Einzelheiten und besonders auf die Farben. Verweile bei dem Bild, so lange du kannst.

Dann kannst du dich selbst aufwecken oder weiterschlafen. Welche Möglichkeit du wählst, bleibt dir überlassen, denn in jedem Fall wird der Traum beim Erwachen klar vor deinen Augen stehen.

Denke über ihn nach, ehe du aufstehst, und mache dir Notizen über die Erfahrung, die Farben und vielleicht sogar die Gefühle, die du im Traum empfunden hast. Vielleicht gewinnst du einige Einblicke, die du ebenfalls aufschreiben solltest. Wenn du im Laufe des Tages die Zeit findest, lies deine Aufzeichnungen ruhig und entspannt durch. Manchmal sind die Informationen offensichtlich, aber manchmal musst du nach der Botschaft suchen. In diesem Fall erweisen sich die Farben als sehr hilfreich. Wende dich den Hauptgegenständen des Traumes zu und konzentriere dich auf ihre Farben. Allmählich wirst du dir der Symbole und Themen bewusst werden, die regelmäßig in deinen Träumen auftauchen.

Falls du nicht so lange warten möchtest, bis sich ein solcher Traum von alleine einstellt, kannst du ein wenig nachhelfen. Ich persönlich empfinde es als sehr hilfreich, den Wecker so zu stellen, dass er mich nach vier Stunden weckt. Ich stelle ihn ab und kehre zu meinem Traum zurück, den ich dann bewusst lenke.

Eine andere Möglichkeit besteht darin, dass du dich vor dem Einschlafen auf einen klaren Traum einstellst. Am besten bittest du am Wochenende oder einem anderen freien Tag darum, denn die Zeit kurz nach dem Aufwachen eignet sich am besten, über den Traum nachzusinnen. Wenn der Wecker dich aus dem Schlaf reißt, bleibt dir nicht genügend Zeit. Aus diesem Grunde sind viele Träume kurz nach dem Aufstehen bereits vergessen.

Eine dritte Möglichkeit wäre, dir regelmäßig zu sagen, dass du dir immer, wenn du etwa deine Hand im Traum siehst, sofort bewusst wirst, dass du träumst und den Traum zu steuern vermagst.

Viele Leute empfinden es als hilfreich, zeitig aufzuwachen und sich an den gerade erlebten Traum zu erinnern. Entspanne dich und versuche, in den Traum zurückzukehren, um ihn nach Belieben zu lenken.

Keine dieser Methoden ist jederzeit wirksam. Ich freue mich, wenn ich in klaren, eindeutigen Bildern träume, habe aber gelernt, nicht darauf zu warten, denn früher oder später wird es sich wieder einstellen.

NATIONALE WAHRZEICHEN

Nationalflaggen zu betrachten und die Symbolik ihrer verschiedenen Farben und Merkmale auszuarbeiten, kann sehr aufschlussreich sein. Bei einigen ist es offensichtlich. Kreuze weisen in der Regel auf ein christliches Land hin. Die Mondsichel kennzeichnet islamische Nationen. Hammer und Sichel stehen für den Kommunismus.

Bereits die alten Ägypter und Assyrer führten heilige Gegenstände als Standarte königlicher Macht mit sich, die in der Schlacht als Sammelpunkte dienten. Im zwölften Jahrhundert entwickelte sich die Wappenkunde zu einer ernsthaften Kunst und übte einen wesentlichen Einfluss auf die Gestaltung und Symbolik von Flaggen aus. Die Erforschung der Geschichte, Symbolik und Gestaltung von Fahnen nennt man Vexillologie.

Im Ersten Weltkrieg enthielten die Fahnen von Frankreich, Großbritannien und den Vereinigten Staaten die Farben Rot, Weiß und Blau, die auch in der russischen Flagge auftauchten und die erst nach dem Sonderfrieden einheitlich rot wurde. Keine der Zentralmächte besaß rot-weiß-blaue Fahnen. Frankreich, Großbritannien und die Vereinigten Staaten waren neben Norwegen und den Niederlanden ebenfalls am Zweiten Weltkrieg beteiligt. Ihre Flaggen enthielten die Farben Rot, Weiß und Blau, die der Achsenmächte hingegen nicht.

Manche Leute mögen diesen Tatbestand als reinen Zufall abtun, doch mir gibt die Farbkombination zu denken, da sie eine Art überirdischer oder magischer Kraft zu enthalten scheint.

DEIN PERSÖNLICHER SCHUTZSCHILD

Wappenschilder weisen gewöhnlich zwei bis vier Farben auf, die eine besondere Bedeutung besitzen. In meinen Kursen ermutige ich die Teilnehmer, ein abstraktes Bild zu entwerfen und Farben zu verwenden, die sie ansprechen. Einer der Schüler befasste sich gerade mit der Wappenkunde und brachte eines Tages einen wunderschönen Schild mit, den er aus seinen persönlichen Farben gestaltet hatte. Ein Schild stellt eine Schutzform dar, und ich erkannte, dass ein solches Kunstwerk sehr viel mehr auszusagen vermochte als ein in den Lieblingsfarben gemaltes Bild.

Seither rate ich meinen Schülern, ein Bild zu schaffen, das eine schützende Wirkung auf sie ausübt. Jedesmal, wenn sie das Gefühl haben, Kraft und Schutz zu benötigen, genügt es, ihr Bild einige Sekunden lang zu betrachten, und sie werden sich ruhig und geborgen fühlen.

Verwende die in diesem Kapitel angesprochene Farbensymbolik, verbunden mit deinen persönlichen Farben und den Farben, die dich besonders ansprechen, um ein Bild zu schaffen, das dich inspiriert und beschützend wirkt. Hänge es irgendwo bei dir zu Hause auf und greife, wenn nötig, auf es zurück.

Kapitel 11

Farbe und Magie

Magie bedeutet, mittels geistiger Kraft einen Wandel hervorzurufen. Mit anderen Worten, es handelt sich um die Fähigkeit, das anzuziehen, was man sich wünscht. Du musst dir ein klares Ziel vor Augen halten, bis es sich in deinem Leben manifestiert. Wenn du etwas deutlich zu visualisieren vermagst, bist du in der Lage, es Wirklichkeit werden zu lassen. Florence Farr, eines der führenden Mitglieder des „Hermetic Order of the Golden Dawn", definierte den Begriff Magie mit den Worten: „Magie bedeutet, die Begrenzungen der angeblichen irdischen und geistigen Gesetze, die uns binden oder nötigen, auszuräumen. Wir vermögen alles, denn wir sind alles."

Magie ist kein Wunschdenken. Konzentration, ein klares Ziel und Energie fördern die Visualisation, um die erforderliche Kraft für magisches Vorgehen zu erlangen.

Wesentlich ist es, anderen nicht zu schaden. Es heißt, dass negative oder zerstörerische Absichten mit dreifacher Wucht auf den Magier zurückprallen. Man spricht von dem Gesetz dreifacher Vergeltung, das man nicht vergessen sollte, wenn man sich mit Magie befasst. Negative Magie bezeichnet man als Schwarze Magie, im Gegensatz zur Weißen Magie, die wohlwollender Absicht entspringt. Die Graue Magie liegt zwischen diesen beiden Extremen. Trotz der farblichen Interpretation ist die Magie als solche neutral und farblos. Man sollte sich ausschließlich mit Weißer Magie beschäftigen, die dem Wohl aller Beteiligten dient.

Manche Menschen glauben, die Magie könne alle ihre Probleme lösen. Sobald in ihrem Leben irgendetwas schief läuft, führen sie einen magischen Zauber oder ein Ritual durch. Der Magie sollte man sich nur als allerletzter Möglichkeit bedienen. Bemühe dich, deine Probleme zunächst sachlich anzugehen, und bediene dich der Magie erst dann, wenn alle Versuche fehlschlagen.

Die Farbmagie umfasst vier Schritte:

1. Zielsetzung
2. Bestimmung des Elementes, das mit deinem Ziel in Zusammenhang steht.
3. Festsetzung der entsprechenden Farben für das Ritual.
4. Durchführung des magischen Rituals.

ZIELSETZUNG

Ohne ein bestimmtes Ziel vor Augen zu haben, wird das magische Ritual bedeutungslos. Dabei kann es sich um ein persönliches Ziel handeln oder um die Absicht, der Menschheit zu helfen. Es spielt keine Rolle, was es ist, so lange es niemandem schadet.

Zunächst musst du dir darüber im Klaren sein, ob du dein Ziel auf normalem Wege zu erreichen vermagst. Nehmen wir an, du wünschst dir einen beruflichen Aufstieg. Es gibt viele Möglichkeiten, um dieses Ziel zu erreichen. Vielleicht arbeitest du so gewissenhaft und machst dich in einer Weise unentbehrlich, dass dein Chef dein Gehalt erhöht, ohne dass du darum bittest.

Ob es wirkt, hängt von der jeweiligen Arbeitsstelle und dem Arbeitgeber ab. Eine andere Möglichkeit wäre, den Chef um eine Gehaltserhöhung zu bitten. Diese Methode wird wahrscheinlich besser wirken, da du eine bestimmte Summe im Kopf hast, die du mit dem, was du erreicht hast, rechtfertigen kannst. Nehmen wir an, beide Wege schlagen fehl. An diesem Punkt gibt es zwei Möglichkeiten. Entweder du schaust dich nach einer anderen Stelle um oder du arbeitest für denselben Lohn weiter. Zum Glück gibt es noch einen dritten Weg – die Magie. Denke darüber nach, warum die beiden ersten Versuche erfolglos blieben. Wahrscheinlich gibt es Gründe, die in keinem Zusammenhang mit dir und deinen Fähigkeiten stehen. Vielleicht erhältst du bereits das für deine Arbeit höchstmögliche Gehalt oder das Geschäft ist nicht in der Lage, sich mehr zu leisten. In einem solchen Fall könntest du auf ein magisches Ritual zurückgreifen, das stets zuletzt, niemals zuerst durchgeführt werden sollte.

DIE VIER ELEMENTE

Du hast ein Ziel gewählt. Im zweiten Schritt entscheidest du über das dazugehörige Element.

Vor Jahrtausenden kamen unsere Vorfahren zu dem Schluss, dass alles in der Welt aus Erde, Wasser, Luft und Feuer besteht. Der auf Sizilien geborene griechische Philosoph Empedokles (ca. 490-430 v. Chr.) führte diese Prinzipien als Erster in seinem Buch *Über die Natur* an. Er glaubte, dass nichts entstand oder aufhörte zu existieren und sich alles in einem Zustand der Veränderung befinde, hervorgerufen durch Liebe und Kampf. Die Interaktionen dieser beiden Kräfte schaffen die Elemente von Erde, Wasser, Luft und Feuer. Ein Jahrhundert später fügte Aristoteles (384-322 v. Chr.) ein fünftes Element hinzu, den Äther.

Platon (ca. 428-347 v. Chr.) vertrat die Ansicht, dass die vier Elemente miteinander verwoben sind, da sie leicht ineinander übergehen können. Er schrieb: „Beginnen wir mit dem, was wir jetzt Wasser nennen. Wir sehen es oder vermuten, wie es in den Steinen und in der Erde erstarrt, sich erneut auflöst und zu Wind und Luft verdampft." Demzufolge betrachtete er die vier Elemente als Eigenschaften, die ihr Wesen widerspiegeln.

Die vier Elemente können auch heute noch als Eigenschaften, Prinzipien und Kräfte betrachtet werden, und man hat sie mit vielem in Verbindung gebracht, wozu natürlich auch die Farben gehören.

Luft

Temperament: Sanguinisch
Eigenschaften: Intellektuell, Spaß liebend
Funktion: Gedanke
Himmelsrichtung: Osten
Jahreszeit: Frühling
Erzengel: Raphael
Elementale: Sylphen
Tarot: Stäbe
Spielkarten: Kreuz
Tierkreiszeichen: Zwilling, Waage, Wassermann
Farbe (aktiv): Orange, Gelb
Farbe (passiv): Violett

Feuer

Temperament: Cholerisch
Eigenschaften: Spirituell, enthusiastisch
Funktion: Intuition
Himmelsrichtung: Süden

Jahreszeit: Sommer
Erzengel: Michael
Elementale: Salamander
Tarot: Schwerter
Spielkarten: Pik
Tierkreiszeichen: Widder, Löwe, Schütze
Farbe (aktiv): Rot
Farbe (passiv): Grün

Wasser

Temperament: Phlegmatisch
Eigenschaften: Emotional
Funktion: Emotion
Himmelsrichtung: Westen
Erzengel: Gabriel
Elementale: Undinen
Tarot: Kelche
Spielkarten: Herzen
Tierkreiszeichen: Krebs, Skorpion, Fische
Jahreszeit: Herbst
Farbe (aktiv): Weiß, Blau
Farbe (passiv): Schwarz

Erde

Temperament: Melancholisch
Eigenschaften: Körperlich, Sicherheit
Funktion: Berührung
Himmelsrichtung: Norden
Erzengel: Uriel
Elementale: Gnome
Tarot: Münzen

Spielkarten: Karo
Tierkreiszeichen: Stier, Jungfrau, Steinbock
Jahreszeit: Winter
Farbe (aktiv): Gelb, Grün
Farbe (passiv): Blau

Zur Verstärkung der Farbmagie kann man die vier Elemente in unterschiedlicher Weise einsetzen. Zunächst bestimmt man das mit dem angestrebten Ziel in Zusammenhang stehende Element und anschließend die zu diesem passenden Farben und Gegenstände. Die Vorgehensweise als solche beinhaltet alle vier Elemente, aber das vorrangige wird von dem spezifischen Ziel bestimmt.

Luft: (Unabhängigkeit, Intellekt, Zuversicht)

Sucht
Kommunikationsformen
Bewusstheit
Kreativität
Erziehung
Kenntnisse
Reisen
Schreiben

Feuer: (Mut, Macht, Spiritualität)

Wandel
Wettbewerb
Kreativität
Gesundheit
Rechtsangelegenheiten

Loyalität
Sex
Spiritualität
Sport
Erfolg

Wasser: (Mitgefühl, Gefühle, Ruhe)

Kinder
Gefühle
Familie
Freundschaften
Heilung
Heim
Intuition
Liebe
Vernunft

Erde: (Ausdauer, materieller Erfolg, Verantwortung)

Fülle
Landwirtschaft
Karriere
Investitionen
Geld
Eigentum
Wohlstand
Weisheit

Eine weitere Möglichkeit der genauen Wahl des Elementes:

- Nimm Feuer, wenn du Vitalität und Energie benötigst.
- Wähle Erde, wenn du Stabilität benötigst.

- Nimm Luft, wenn du Ermutigung und Unterstützung benötigst.
- Wähle Wasser, wenn du etwas auflösen oder ausmerzen willst.

RICHTIGE FARBWAHL

Du hast ein Ziel und das entsprechende Element gewählt. Das Element liefert die Farbe, aber du musst außerdem eine Farbe wählen, die mit deinem Ziel in Zusammenhang steht. Es gibt mehrere Möglichkeiten.

Weiß

Weiß eignet sich für jedes Ziel. Es reinigt, läutert, klärt und heilt. Bist du im Zweifel, wähle Weiß.

Rot

Steht dein Ziel mit Mut, Kraft, Sex oder wesentlichen Veränderungen in Zusammenhang, wähle die Farbe Rot. Männer sollten bei sexuellen Problemen Rot nehmen.

Orange

Orange eignet sich für Ziele, die mit Kreativität oder dem Wunsch nach einer positiveren Zukunft in Zusammenhang stehen. Frauen sollten diese Farbe wählen, um sexuelle Probleme zu überwinden.

Gelb

Steht dein Ziel in Zusammenhang mit Studien oder anderen intellektuellen Betätigungen, solltest du Gelb wählen. Das Gleiche gilt für Zielsetzungen, welche die Kommunikation betreffen. Diese

Farbe kann ebenfalls eingesetzt werden, um gleichgesinnte Menschen anzuziehen und ein angenehmes Umfeld zu schaffen.

Grün

Diese Farbe eignet sich besonders gut im Hinblick auf Heilung und wirtschaftlichen Aufstieg. Sie entspannt schwierige Situationen und fördert Ausdauer und Stehvermögen.

Blau

Beinhaltet dein Ziel Loyalität, Vertrauen und Ehrlichkeit, solltest du Blau wählen. Es fördert klares Denken und zerstreut Ärger und andere negative Emotionen.

Indigo

Bezieht sich dein Ziel auf häusliche und familiäre Angelegenheiten, solltest du Indigo verwenden. Diese Farbe löst Familienzwistigkeiten und fördert Liebe und Zufriedenheit.

Purpur

Purpur eignet sich für Ziele, die geistiges Streben oder Aktivitäten beinhalten, die der gesamten Menschheit dienen. Purpur löst die Spannung unter Freunden.

Rosa

Rosa zieht enge Verbindungen an und wirkt sich positiv auf deine Emotionalebene aus.

Schwarz

Schwarz absorbiert negative Energie und sollte nur verwendet werden, wenn du dich von Negativität umgeben fühlst und keinen anderen Ausweg weist. Zünde jeden Abend eine schwarze Kerze an und lasse sie eine Stunde lang brennen, bis sie verbrannt ist. Danach kannst du beginnen, mit einer farbigen Kerze zu arbeiten, die dein Ziel versinnbildlicht.

AUSÜBUNG EINES MAGISCHEN RITUALS

Im letzten Schritt entsendest du deinen Wunsch in den Raum. Bezieht sich dein Ziel auf Wachstum, solltest du das Ritual bei zunehmendem Mond durchführen. Möchtest du etwas aus deinem Leben entfernen, übe es bei abnehmendem Mond aus.

Man kann auch bestimmte Wochentage wählen, deren Farbe mit dem Ziel verbunden sind.

Montag: Weiß
Dienstag: Rot
Mittwoch: Alle Farben
Donnerstag: Blau
Freitag. Grün
Samstag: Schwarz
Sonntag: Gelb

Trage die für das Ritual benötigten Gegenstände zusammen und denke an das Element oder die Elemente, die du am meisten benötigst. Hier einige Vorschläge:

Feuer: Kerzen und kleine rote Gegenstände.

Luft: Räucherwerk, Federn, frisch gepflückte, intensiv duftende Blumen und kleine gelbe Dinge.

Wasser: Wasser und kleine blaue Objekte.

Erde: Kristalle, Steine, Töpferware und kleine grüne Gegenstände.

Wähle einen ruhigen Ort, an dem dich niemand stört. Bei warmem Wetter führe ich meine Rituale am liebsten im Freien durch. An kalten, unfreundlichen Tagen bleibe ich natürlich im Haus.

Das Ritual erfolgt innerhalb eines magischen Kreises, den du auf den Boden zeichnen oder in anderer Weise andeuten kannst. Ich persönlich benutze einen kreisrunden Teppich. Möchtest du keinen gegenständlichen Kreis, dann stelle ihn dir einfach vor. Stelle dich in seine erdachte Mitte, das Gesicht gegen Osten gewandt, und drehe dich langsam im Uhrzeigersinn, wobei du den rechten Arm, Zeigefinger und Mittelfinger ausstreckst. Visualisiere schützende Energie deinen Arm entlang und aus deinen Fingern fließen, die einen Schutzring bildet.

Wenn du möchtest, kannst du zur Bildung des magischen Kreises das Element einsetzen, das mit deinem Ziel in Verbindung steht. Handelt es sich um das Erd-Element, benutze Steine, Felsstücke, Kristalle oder Salz, um deinen Kreis zu umreißen. Beginne mit dem Gesicht nach Osten gewandt und bewege dich im Uhrzeigersinn. Hast du das Wasser-Element gewählt, beginne im Osten, drehe dich im Kreis und versprenge Wasser auf den Boden, um die Peripherie anzudeuten. Handelt es sich um das Luft-Element, markiere die Peripherie mit Räucherwerk. Gehe in derselben Weise mit einer brennenden Kerze vor, wenn du das Feuer-Element einsetzen willst.

Der Kreis ist wichtig, denn er beschützt dich, während du das Ritual durchführst. Außerdem bewahrt er die magische Energie, die du im Kreisinneren geschaffen hast, bis du sie entlässt. Aus diesem Grunde solltest du dich so lange innerhalb des Kreises aufhalten, bis du das Ritual abgeschlossen hast.

Vielleicht benutzt du für die Gegenstände, die du verwendest, einen Altar. Ein kleiner Tisch oder ein Hocker eignen sich besonders gut, besonders wenn du ein Tuch in der dem Ritual entsprechenden Farbe darüber breitest. Ich stelle den Altar so auf, dass ich während des Vorgangs nach Osten blicke. Manche Leute schauen lieber in Richtung Norden.

Lege alles, was du während der Zeremonie benötigst, auf den Altar. Dies mögen Kerzen, Räucherwerk, Kristalle, eine Schale mit Wasser oder andere Objekte sein, die sich auf deine Bitte beziehen. Geht es um mehr Geld, lege einige Geldscheine auf den Altar, da sie deinen Geist auf den Sinn des Rituals ausgerichtet halten. Photos oder Zeichnungen der Zielsetzung erfüllen den gleichen Zweck. Ich lege gerne einen Entwurf meines Rituals auf den Altar, damit ich nicht abschweife.

Unter deinen Gegenständen sollte sich etwas von derselben Farbe wie das Element befinden, das mit der Bitte in Beziehung steht. Dies kann ein kleines Ornament sein, das du später in deinem Heim aufhängst, oder ein Kristall oder eine Photographie, die du bei dir tragen kannst. Die durch den Kreis und das Ritual entstandene Energie wird diese Gegenstände im Laufe der Zeremonie erfüllen. Jedesmal, wenn du sie siehst oder hältst, wird dich ihre Farbe an den Vorgang erinnern, was deiner Bitte zusätzliche Kraft verleiht.

Bevor du den Kreis betrittst, nimm ein gemütliches Bad. Es ist einer Dusche vorzuziehen, da es dich vollkommen entspannt. Du kannst auch alle vier Elemente in diesen Prozess mit einbeziehen. Das Badewasser steht für das Wasser-Element, Kerzen für Feuer, Räucherwerk für das Luft-Element und Badesalz liefert das Element Erde.

Hülle dich nach dem Bad in lose Gewänder. Manche Magier ziehen es vor, unbekleidet zu arbeiten.

Tritt in den Kreis und schaue nach Osten, in die Himmelsrichtung des Luft-Elementes. Wenn dir das magische Ritual vertraut ist, möchtest du vielleicht mit der Anrufung der vier Erzengel (Raphael, Michael, Gabriel und Uriel)[2] beginnen, da sie die vier Himmelsrichtungen regieren, ehe du die Farben visualisierst. Gehe in der Weise vor, in der du dich am wohlsten fühlst.

Es ist unerheblich, denn auch als Anfänger kannst du das Ritual erfolgreich durchführen. Visualisiere zunächst die Farben, die in Beziehung zu den Himmelsrichtungen stehen.

Weise mit den beiden ersten Fingern deiner ausgestreckten rechten Hand nach Osten. Visualisiere einen kleinen, rein gelben Kreis in Höhe deiner rechten Hand auf der Peripherie des magischen Kreises. Lasse ihn allmählich anwachsen, bis direkt vor dir etwa ein Viertel deines magischen Kreises aus gelber Energie besteht. Manche Leute vermögen die Farbe tatsächlich zu „sehen", während andere ihre Anwesenheit spüren. Sobald dir bewusst wird, dass das Gelb dieses Kreisviertel eingenommen hat, danke für seinen Schutz: „Luft-Element, ich grüße dich und danke dir für die Unterstützung meiner Bitte."

Wende dich gegen Süden, in die Himmelsrichtung des Feuers. Visualisiere die Farbe Rot und lasse sie ein Viertel der Peripherie deines Kreises einnehmen. Spüre die Verbindung zum Gelb und erkenne, dass dich nun ein halber Kreis beschützt. Danke dem Feuer-Element für seine Hilfe und blicke nach Westen. Visualisiere die Farbe Blau und danke dem Wasser-Element. Wende dich zum Abschluss gegen Norden und visualisiere Grün, die Farbe der Erde.

Nachdem du dem Erd-Element deinen Dank ausgesprochen hast, wende dich erneut nach Osten. Du bist nun vollständig von einem schützenden Ring umgeben. Blicke um dich und spüre den Schutzschild. Vielleicht „siehst" du ihn als riesige, in den vier Farben gestrichene Wand. Vielleicht nimmst du ihn als far-

2 Vgl. dazu Richard Webster, Die großen Erzengel, Grafing 2005 ff.

bigen Nebel wahr. Ich kenne eine Dame, die stellt sich ihn als kreisrunde Hecke mit unsichtbaren Lichtern vor, welche die vier Farben wiedergeben. Vor Jahren erzählte mir ein Mann, er sehe sich in einem riesigen, in vier Farbviertel aufgeteilten Iglu. Diese Aussage beeindruckte mich, denn der magische Kreis beinhaltet sehr viel mehr als nur eine Linie auf dem Boden oder eine Energiewand. Du bist vollständig von ihm umgeben und kannst ihn dir als eine schützende Energiehülle vorstellen. Jeder „sieht" den Schutz in einer anderen Weise. Es spielt keine Rolle, wie du den Schutzring und die vier Farben empfindest. Wichtig ist nur, dass du weißt, es gibt ihn.

Nun ist es an der Zeit, deine Bitte vorzutragen. Konzentriere dich auf den Gegenstand, der zu dem Element deiner Bitte gehört. Es kann eine Kerze sein, wenn deine Bitte mit dem Feuer-Element in Zusammenhang steht. Entzünde die Kerze, ehe du sie in die Hand nimmst. Halte sie in Brusthöhe und bringe deinen Wunsch zum Ausdruck. Sprich zu ihr wie zu einem Freund. Stelle sie wieder auf den Altar oder auf den Boden. Beobachte, wie sich der Rauch spiralförmig nach oben bewegt und erschaue ihn in das Universum emporsteigen, um deine Wünsche Wirklichkeit werden zu lassen.

Steht deine Bitte mit dem Luft-Element in Verbindung, wirst du wahrscheinlich Räucherwerk, Federn und/oder Blumen verwenden. Richte deine Bitte an den Gegenstand und stelle dir vor, wie der Weihrauch zu den Sternen emporsteigt. Oder halte eine Feder in der hohlen Hand, während du zu ihr sprichst, und trage sie anschließend bei dir, bis sich dein Wunsch erfüllt hat. Benutzt du Blumen, sprich zu ihnen und stelle sie an einen Platz, an dem du sie regelmäßig siehst, was deinem Wunsch Nachdruck verleiht.

Steht deine Bitte in Verbindung mit dem Erd-Element, kann ein Kristall Verwendung finden. Halte ihn in der hohlen Hand, während du zu ihm sprichst, und trage ihn bei dir, bis dein Wunsch Wirklichkeit geworden ist. Nimm den Kristall mindestens einmal täglich in die Hand und denke einige Augenblicke an dein Ziel.

Geht es um das Wasser-Element, benötigst du ein Glas Wasser, das du in deine Hände nimmst und ihm deinen Wunsch vorträgst. Du „magnetisierst" das Wasser, indem du es mit deinem Wunsch auflädst. Segne es in Gedanken und trinke es.

Dein Dank an das Universum, dass es deinen Wunsch verwirklicht hat, beendet das Ritual. Gehe davon aus, dass es bereits geschehen ist. Schließe den Kreis, indem du dich, beginnend im Osten, entgegen dem Uhrzeigersinn bewegst. Spüre die vier Farben und danke jeder einzelnen. Der Kreis wird langsam zerfallen.

Lösche sorgsam jede Kerze und jedes Räucherwerk. Iss oder trink etwas, um dich zu erden. Entspanne dich und denke einige Minuten über das Geschehene nach, ehe du dich wieder deinem Alltag zuwendest.

Du solltest das Ritual zumindest einmal wöchentlich wiederholen, bis sich deine Bitte verwirklicht hat.

LEUCHTTAFELN

Sie finden bei der Meditation Verwendung und bestehen aus Mustern der Komplementärfarben, die eine optische Täuschung hervorrufen. Betrachtet man sie, scheint das Muster von einer Farbe in die andere überzuspringen und ruft eine faszinierende Nachwirkung hervor, wenn man die Augen schließt. Blickt man eine Zeit lang auf ein Farbbild und schaut anschließend auf eine weiße Wand, sieht man die Umrisse dieses Bildes in seiner Komplementärfarbe. Leuchttafeln rufen die gleiche Wirkung hervor, ohne dass man auf eine weiße Wand schauen muss. Konzentriert man seinen Blick eine Zeit lang auf den roten Bereich einer rot-grünen Leuchttafel, entspannt sich die Augenmuskulatur, wodurch sich ihr Brennpunkt leicht verändert. Das heißt, man wird plötzlich eine Sekunde lang das komplementäre Grün „sehen". Das Rot scheint vor den Augen aufzublitzen, und man nimmt ein unwirkliches, grün-rotes Aufflammen wahr. Es handelt sich dabei um eine hypnotische Empfindung, die diesen Zustand hervorruft oder es ermöglicht, Verbindung zum Unterbewusstsein aufzunehmen.

Nahezu jede Kombination von Formen, die in den Komplementärfarben auftreten, werden die entsprechende Wirkung hervorrufen. Außerdem gibt es für jedes Element bestimmte Farben und Muster.

Luft: Ein orangefarbener Kreis innerhalb eines violetten Quadrats.

Feuer: Ein rotes Dreieck in einem grünen Quadrat.

Wasser: Eine weiße Mondsichel in einem schwarzen Quadrat.

Erde: Ein gelbes Quadrat innerhalb eines größeren, blauen Quadrats.

Jedes Symbol liegt in einem Quadrat, das die Erde versinnbildlicht. Aus diesem Grunde besteht die Leuchttafel der Erde aus einem Quadrat in einem Quadrat. Die anderen Symbole beziehen sich auf die Mentalwelt und werden von einem Quadrat, der physischen Ebene, umschlossen.

Mit Hilfe der Leuchttafeln kann man jedes einzelne Element symbolisieren und diejenige wählen, deren Element dem erstrebten Ziel am nächsten steht. Sie wird dazu beitragen, den erwünschten Zustand zu erreichen, um sich das Ziel klar vor Augen zu halten und in das Universum zu entsenden.

Meine Tafeln messen dreißig mal dreißig Zentimeter, eine Größe, die sich als sehr vorteilhaft erwiesen hat. Die Acrylfarben habe ich zum Schutz mit Klarlack überzogen, der eine schöne, glänzende Oberfläche bildet.

Aus welcher Entfernung man die Tafeln betrachtet, ist individuell verschieden und hängt von ihrer Größe ab. Ein Abstand von etwa einem Meter in Höhe meines Kopfes hat sich für mich als die beste Entfernung erwiesen, da ich mich auf diese Weise auf seine Mitte konzentrieren kann, ohne dabei die Augen heben oder senken zu müssen.

Sobald du die für dich richtige Entfernung gefunden hast, entspanne und konzentriere dich auf die Bildmitte. Nach einigen Minuten können sich zwei Möglichkeiten ergeben. Deine Augen werden schwer. Wenn dies eintritt, schließe sie und achte auf die Nachwirkung des Bildes. Vielleicht wirst du in einen entspannten, meditativen Zustand gleiten und das Empfinden haben, dich in dem Element zu befinden, mit dem du arbeitest. In diesem Falle halte inne und achte auf mögliche übersinnliche Einblicke. Fühlst du dich bereit, denke über dein Ziel nach und sende es mental in das Universum hinaus. Die andere Möglichkeit besteht darin, dass die Farben deiner Tafel aufzublitzen beginnen. Dies mag momentan verwirrend sein. Konzentriere dich weiterhin auf die Tafel und beobachte die faszinierende Wirkung. Bist du bereit, schließe die Augen und gib dich der Nachwirkung hin. Halte kurz inne und achte auf Einblicke. Beginne, über dein Ziel nachzudenken, und im Vertrauen, dass daran gearbeitet werden wird, sende es bewusst in das Universum hinaus.

In der Magie spielt die Farbe eine entscheidende Rolle. Es gibt wohl nichts Farbenfroheres und Schöneres als Kristalle. Auch sie nehmen einen wichtigen Platz in der Magie ein. Im folgenden Kapitel wollen wir sie näher beleuchten.

Kapitel 12

Kristalle und Edelsteine

Bereits im antiken Ägypten wurden Kristalle und Edelsteine zu magischen Zwecken verwendet. Schon damals erzählte man sich, wie die atlantischen Priester sich die Kraft der Steine zunutze machten, um über weite Entfernungen hin miteinander zu kommunizieren und sogar zu fliegen. Die Menschen waren fasziniert von dem Geheimnis, der Seltenheit und der natürlichen Schönheit der Kristalle und Edelsteine, die bis heute bewundert und geschätzt werden. Diese Faszination hat zahlreiche Legenden und Geschichten über die Kräfte und Eigenschaften kostbarer Steine entstehen lassen.

Die Geschichte vom „Tal der Diamanten" entstand vor etwa zweitausendfünfhundert Jahren und taucht in unterschiedlicher Form in den Mythen und Legenden verschiedener Kulturen auf. Nördlich des Schwarzen Meeres soll eine riesige abgrundtiefe Schlucht gelegen haben, die von abscheulichen Schlangen und furchterregenden Adlern bewacht wurde. Ihre Aufgabe bestand darin, die unzähligen auf dem Grund der Schlucht liegenden Diamanten zu hüten. Ein mächtiger König entsandte seine Diener, um den Schatz zu heben. Diese erachteten den Auftrag als undurchführbar und ersannen eine List. Sie töteten eine Anzahl von Schafen, schnitten sie in Stücke und warfen sie in die Schlucht. Die Adler stürzten sich in die Tiefe, schnappten den unerwarteten Festschmaus und trugen ihn in ihr Nest. Die Diamanten hatten sich im Fleisch der Schafe festgehakt. Nach einigen Tagen plünderten die Diener die Nester und brachten ihrem Meister die kostbaren Steine.

Edelsteine wurden jahrtausendelang als Schutzamulett getragen, was bisweilen auch in der heutigen Zeit noch der Fall ist. Die Kristallenergie vermag dem Menschen zu helfen, um Krankheiten zu heilen, die Intuition zu fördern, seine Chakras zu reinigen und ins Gleichgewicht zu bringen, die Spiritualität zu entwickeln, die Zukunft zu prophezeien und Schutz zu bieten.

Edelsteine werden aus vielerlei Gründen gesammelt. Manche Menschen kaufen sie wegen ihrer Farbigkeit und Anziehungskraft. Andere sammeln Steine, die mit ihrem Tierkreiszeichen oder den einzelnen Chakras in Verbindung stehen. Einige Leute verwenden sie zur Meditation oder um die Zukunft vorherzusagen. Ich kannte eine Dame aus Schottland, die zum Schutz ihres Hauses Edelsteine auf die Fenstersimse legte. Farbheiler tragen bisweilen Steine zusammen, die ihnen helfen, andere Menschen zu heilen. Die meisten Leute finden ihren ersten Stein rein zufällig. Er mag ein Geschenk sein oder sie fühlen sich zu seiner Farbe oder Struktur hingezogen. Meistens dauert es nicht lange, bis sich danach mehrere Steine angesammelt haben.

Einzelne Steine kann man überall kaufen, in esoterischen Läden, auf Kunstmärkten oder auf dem Flohmarkt.

Meine Edelsteine haben mich gefunden, nicht umgekehrt, denn ich gehe oft mit der Absicht in einen Laden, bestimmte Steine zu kaufen, und verlasse ihn mit Steinen, die nicht auf meiner Liste standen. Wahrscheinlich geht es jedem so, der beginnt, sich mit Edelsteinen zu befassen.

Lasse dir Zeit bei der Wahl. Jeder Stein besitzt seine eigene Schwingung, die ein bestimmtes Empfinden in dir auslöst. Man nennt sie auch „Piezoelektrizität". Du wirst einige Steine angenehmer empfinden als andere. Ich kaufe nur solche Steine, die sich für mich richtig anfühlen, selbst wenn ich im Augenblick keine Verwendung dafür finde.

Manchmal empfindet man überhaupt nichts, wenn man einen Stein in der Hand hält. Halte ihn lose in der Faust, schließe die Augen und frage innerlich: „Bist du der richtige Stein für mich?" Du wirst die positive oder negative Antwort deutlich spüren.

Betrachte den Stein genau, ehe du ihn kaufst, denn du möchtest den besten Stein, den du dir leisten kannst. Aus diesem Grunde solltest du jeden Makel vermeiden, was besonders für Kristalle gilt. Möchtest du mehrere Steine kaufen, um sie gemeinsam zu verwenden, wie bei dem Ausbalancieren eines Chakras oder der Orakel-Befragung, dann achte darauf, dass sie ähnliche Größe und Qualität besitzen.

WAHL DER KRISTALLE UND EDELSTEINE

Manchmal suche ich bewusst nach einem bestimmten Stein oder habe eine bestimmte Farbe im Sinn. Ein anderes Mal wähle ich aufs Geratewohl. Ich betrete ein Geschäft und sehe, welcher Stein meine Aufmerksamkeit anzieht. Ich halte die Steine gerne in der Hand, um festzustellen, ob sich mein Empfinden psychometrisch bestätigt. Die folgende Liste führt einige der üblichen Steine an, die sich gut bei der Arbeit mit Farben verwenden lassen.

Rote Steine
Blutstein
Koralle

Granat
Roter Jaspis
Rubin
Sardonyx

Orange Steine

Karneol
Zimtfarbener Aventurin
Feueropal
Orange Kalzit

Gelbe Steine

Bernstein
Zitrin
Gelber Saphir
Topas

Grüne Steine

Aventurin
Smaragd
Jade
Malachit
Chrysolit

Blaue Steine

Aquamarin
Chalzedon
Chrysokol
Lapislazuli
Türkis

Indigo Steine

Azurit
Indigo Sodalith
Iolith

Violette Steine

Amethyst
Flussspat
Purpurfarbener Granat
Sugilith

Weiße Steine

Durchsichtiger Quarz
Diamant
Mondstein
Weißer Topas

Rosa Steine

Kunzit
Rosa Koralle
Rosa Topas
Rosenquarz
Rubellit (Rosa Turmalin)

Schwarze Steine

Schwarzer Turmalin
Hematit
Jett
Obsidian

REINIGUNG VON KRISTALLEN
UND EDELSTEINEN

Die Steine sollten vor dem ersten Gebrauch gereinigt werden, da sie mit negativer Energie behaftet sein könnten. Wenn du deine Steine regelmäßig verwendest, solltest du sie einmal wöchentlich reinigen, was mit Hilfe der vier Elemente geschieht.

Reinigung mit Wasser

Man hält die Steine etwa dreißig Sekunden lang unter fließendem sauberen Wasser und lässt sie anschließend in der Sonne trocknen. Bäche und Flüsse eignen sich besonders gut für diesen einfachen Reinigungsvorgang. Noch besser ist Meerwasser, von dem ich oft Gebrauch machte, als ich seinerzeit am Meer wohnte. Man taucht die Steine etwa dreißig Sekunden lang in das Wasser und lässt sie dann trocknen.

Fehlen dir diese Möglichkeiten, lege die Steine über Nacht in eine Lösung aus Regenwasser und Salz. Leitungswasser sollte vermieden werden. Wenn kein Regenwasser zur Verfügung steht, nehme man in Flaschen abgefülltes Wasser.

Den Reinigungsvorgang begleite ich mit Worten, wie etwa den Folgenden: „Ich reinige dich, damit du jederzeit bestens zu wirken vermagst. Danke für deine Bereitschaft, mich bei der Verfolgung meiner Ziele zu unterstützen."

Der Zeitpunkt ist individuell verschieden. Ich kenne eine Dame, die im Zeichen des Krebses geboren wurde und ihre Steine nur im Mondschein reinigt. Viele Leute vertreten die Ansicht, dass der Mond reinigende Wirkung besitzt und die Sonne Energie zuführt. Vielleicht reinigst du deine Kristalle in den Abendstunden und lässt sie über Nacht im Mondlicht trocknen.

Reinigung durch die Erde

Kristalle stammen aus der Erde und stehen mit diesem Erd-Element in Verbindung. Daher glauben viele Menschen, dass sie auch mit Erde gereinigt werden sollten. Man vergräbt die Kristalle und Edelsteine mit einigen Worten für drei Nächte in der Erde. Ein Garten wäre ideal, aber die Blumenerde einer Topfpflanze erfüllt denselben Zweck.

Man kann sie auch in einer mit Salz gefüllten Schale vergraben. Das Salz sollte anschließend weggeworfen werden, da es die negativen Energien aus den Steinen herausgezogen hat.

Feuer-Reinigung

Diese Art der Reinigung kann man im Anschluss an ein Ritual durchführen, bei dem Kerzen verwendet wurden. Halte den Stein in der hohlen Hand und blicke eine Weile in die Kerzenflamme. Dann schaue auf deinen Stein und sprich zu ihm, ehe du ihn durch die Flamme, nicht durch den Kerzenrauch, ziehst. Vorsicht, damit du dich dabei nicht verbrennst! Untersuche den Stein anschließend. Wenn du keinen Rückstand entdecken kannst, ist er fertig zum Gebrauch. Sollte eine Ruß- oder Schmutzspur zurückbleiben, musst du ihn zuvor in fließendem Wasser abspülen.

Reinigung mittels Luft

Wenn man einen Stein sofort wieder einsetzen will, sollte man ihn mit Hilfe der Luft reinigen. Als Rechtshänder halte ihn in der linken und als Linkshänder in der rechten Hand.

Atme mehrmals tief durch und siehe dich von reinem weißen Licht umgeben. Sprich zu dem Stein, atme erneut tief ein und hauche reinigende weiße Energie über den Stein. Drehe ihn ein wenig zwischen den Fingern und wiederhole den Vorgang, bis jeder Teil des Steines reine weiße Energie aufgenommen hat.

KRISTALLE UND EDELSTEINE AUFLADEN

Nach der Reinigung müssen die Steine mit positiver Energie aufgeladen werden, um sie möglichst wirkungsvoll zu machen. Eine kurze und einfache Methode bietet die Meditation. Setze dich an einen ungestörten Platz, halte den Stein in den zusammengelegten Handflächen, schließe die Augen und atme mehrmals tief durch. Siehe dich von reinem weißen Licht umgeben. Fühle es in jeder einzelnen Körperzelle. Werde dir des Kristalls in deinen Händen bewusst und sende ihm so lange Gedanken der Liebe, bis du eine Reaktion spürst. Danke ihm für seine Bereitschaft, dir zu helfen. Drücke ihn leicht in deinen Händen und öffne die Augen.

Wenn es keine Eile hat, kannst du ihn einige Tage an einen sonnigen Ort legen. Besitzt du mehrere Kristalle, kannst du den neuen Stein auf die Kristallgruppe legen, damit er Energie von ihr aufnimmt und auf diese Weise aufgeladen wird.

ZUEIGNUNG DER KRISTALLE UND EDELSTEINE

Zum Abschluss der Vorbereitung wird der Stein der jeweiligen Aufgabe zugeeignet, wie der Heilarbeit oder der Orakel-Befragung, um bestmögliche Ergebnisse zu erzielen. Mit der Zeit wird sich eine Reihe von Kristallen ansammeln, die für bestimmte Zwecke gedacht sind. Will man mehrere Kristalle oder Edelsteine für dieselbe Aufgabe verwenden, sollte man sie alle gleichzeitig zueignen.

Halte den Stein oder die Steine in deinen gefalteten Händen und wende dich gegen Osten. Hebe die Hände möglichst hoch und sprich laut: „Ich bitte dich, mir zu helfen (zu meditieren, meine Chakras auszubalancieren, andere zu heilen, die Zukunft vorherzusagen und so fort). Ich ermächtige dich, zum Wohle aller Beteiligten zu wirken. Du bist eine Kraft des Guten."

Führe die gefalteten Hände auf Brusthöhe und halte sie auf der Ebene deines Herz-Chakras. Drücke die Daumen gegen deine Brust und danke dem Stein für seine bereitwillige Unterstützung.

Nun kannst du ihn einsetzen. Du solltest diesen Vorgang wiederholen, wenn du es für nötig hältst. Möchtest du den Stein zu einem anderen Zeitpunkt für einen unterschiedlichen Zweck verwenden, bedarf es einer neuen Zueignung.

Du solltest deine Kristalle und Edelsteine sorgfältig und mit Respekt behandeln. Lasse sie reichlich Sonnenlicht aufnehmen. Steine für die Meditation oder für das Orakel setze man dem Mondlicht aus. Kristalle und Edelsteine sollte man nicht in einer Schublade aufbewahren. Lege sie auf einen Fenstersims oder ein Regal, wo sie Sonnenlicht und frische Luft aufnehmen können.

STRESSABBAU

Bei der Farbheilung spielen Kristalle und Edelsteine eine wesentliche Rolle. Sie dienen auch dem Erlangen und der Bewahrung emotionaler und mentaler Gesundheit. Überbeanspruchung bildet einen Hauptfaktor bei derartigen Problemen.

Jemand meinte einmal, die einzigen Menschen ohne Stress lägen auf dem Friedhof. In dieser Aussage liegt eine gewisse Wahrheit, denn um dem Leben entgegenzutreten und unsere Ziele zu erreichen, benötigen wir einen gewissen Stressfaktor. Es gibt guten und schlechten Stress.

Fühlst du dich angespannt, besorgt oder unter Druck, distanzierst du dich am besten vorübergehend von der Situation und entspannst dich. Die Meditation eignet sich gut dazu, besonders wenn du mit einem Heilstein meditierst. Es gibt eine Reihe von Steinen, die dabei helfen, Stress abzubauen. Dazu gehören: Achat, Amethyst, Azurit, Celestit, Chrysopras, Granat, Kunzit, Lepidolith, Rosenquarz und Turmalin.

Wähle einen angenehmen, warmen Ort, an dem dich niemand stört. Wenn du möchtest, kannst du im Hintergrund sanfte Musik spielen lassen. Setze oder lege dich bequem hin, den Stein, den du ausgesucht hast, in der nicht dominierenden Hand. Entspanne dich und stelle dir eine Szene vor, die tiefen Frieden ausstrahlt. Der Ort spielt keine Rolle. Vielleicht suchst du in Gedanken einen Ort auf, den du bereits kennst, oder du lässt vor deinem inneren Auge eine friedliche, ruhige und stille Szene entstehen, an der du dich erfreust, so lange du möchtest. Versuche nicht, sie krampfhaft festzuhalten, wenn sie zu verblassen beginnt.

Konzentriere dich auf den Stein in deiner Hand. Vielleicht massierst du ihn leicht mit deinen Fingern. Werde dir seiner schützenden, heilenden Energie bewusst. Danke ihm für seine Hilfe.

Genieße das angenehme Gefühl, völlig entspannt zu sein. Bist du bereit, atme dreimal tief durch und öffne die Augen. Trage den Stein im Laufe des Tages bei dir und berühre ihn immer wieder, besonders wenn du angespannt bist und unter Druck stehst. Lege ihn regelmäßig ins Sonnenlicht und lade ihn, wenn nötig, erneut auf.

Befestige ihn an deinem linken Handgelenk oder lege ihn unter das Kopfkissen, wenn du zu Bett gehst, um seine positive Wirkung rund um die Uhr in dich aufzunehmen.

Bei einer Vielzahl von Problemen kannst du in gleicher Weise vorgehen:

- Ärger: Lapislazuli
- Apathie: Roter Opal
- Depression: Smaragd, Lapislazuli, Turmalin, Türkis
- Emotionale Blockaden: Feuerachat, Feueropal, Obsidian, Tigerauge
- Klarheit (zunehmend): Amethyst, Aquamarin, Azurit
- Mitgefühl (sich entwickelnd): Jade, Rhodochrosit
- Konzentration: Amethyst, Fluorit, Sugelit, Tigerauge
- Vertrauen: Zitrin, Lapislazuli, Rosenquarz
- Verwirrung: Diamant, Fluorit, Rhodonit, Selenit
- Mut: Achat, Blutstein, Rhodonit, Sardonyx
- Depression: Achat, grüner Turmalin
- Verzweiflung: Rubellit, Rauchquarz
- Egoismus: Amethyst, Rhodochrosit
- Emotionales Gleichgewicht: Chalzedon, Kunzit, Mondstein
- Emotionale Ausbrüche: Amethyst, Chrysopras
- Energie: Granat, Quarz, Rubin
- Neid: Rubin
- Furcht: Amethyst, Zitrin, Rosenquarz
- Frustration: Opal, Peridot
- Trauer: Amethyst, Peridot, Quarz
- Schlaflosigkeit: Amethyst, Rosenquarz
- Introvertiertheit: Lapislazuli, Turmalin
- Intuition: Mondstein
- Eifersucht: Diamant
- Melancholie: Aventurin, Kunzit, Peridot
- Negativität: Turmalin
- Nervliche Erschöpfung: Diamant, Goldtopas

- Übervorsicht: Chrysopras, Heliotrop
- Pessimismus: Rosenquarz, Rauchquarz
- Traurigkeit: Amethyst, Diamant, Lepidolith
- Selbstdisziplin: Azurit, Dolomit, Lapislazuli
- Selbstachtung: Alexandrit, Granat
- Schüchternheit: Lapislazuli, Rhodochrosit, Rosenquarz
- Stress: Aventurin, Beryll, Chrysokoll, Jaspis

GLÜCKSSTEINE

Als ich über Kristalle und Edelsteine zu sprechen begann, war ich überrascht, wie viele Leute nach Steinen fragten, die für Wohlstand und Überfluss sorgten. Ich hatte erwartet, dass sie nach Liebe, geistigem Wachstum, Intuition und Gesundheit und weniger nach Geld fragten. Zum Glück konnte ich ihre Bitte erfüllen, da es bestimmte Steine gibt, die Überfluss im wahrsten Sinne des Wortes anziehen.

Einige Steine ziehen ganz allgemein Wohlstand an. Es gibt spezifische Steine, die mit der numerologischen Zahl deines Lebensweges in Zusammenhang stehen. Allgemeine Glückssteine, die jeder tragen kann, sind Alexandrit, Amethyst, Zitrin, Diamant, Jade, Bergkristall, Rubin, Saphir und Topas. Seit Jahrtausenden haben die Menschen diese Steine getragen, um Reichtum zu erlangen.

Der spezifische Stein wird durch die Zahl deines Lebenspfades bestimmt (Geburtsdatum, reduziert auf eine einzige Zahl, ausgenommen 22 und 11).

- Lebenspfad 1: Rubin
- Lebenspfad 2: Karneol
- Lebenspfad 3: Gelber Zitrin
- Lebenspfad 4: Smaragd

- Lebenspfad 5: Sodalith
- Lebenspfad 6: Azurit
- Lebenspfad 7: Amethyst
- Lebenspfad 8: Rosenquarz
- Lebenspfad: 9: Tigerauge
- Lebenspfad 11: Hematit
- Lebenspfad 22: Goldtopas

Glückssteine sollten auf der Haut getragen werden. Lasse sie viel Sonnenlicht aufnehmen. Halte deinen Glücksstein mindestens einmal am Tag in der Hand, während du positive Affirmationen sprichst. Affirmationen sind Aussagen, die du fortwährend wiederholst, um deinem Geist den speziellen Gedanken einzuprägen. Sie sind in der Gegenwartsform so formuliert, als ob dir die Eigenschaft, die du anstrebst, bereits zu eigen ist. Am besten formulierst du deine Affirmationen selbst. Hier einige Beispiele:

Ich schaffe Wohlstand und Reichtum.

Dankbar nehme ich meinen Anteil aus der Fülle des Universums an.

Der Wohlstand strömt fortwährend auf mich ein.

Das Geld, das ich ausgebe, kehrt vielfältig zu mir zurück.

GEBURTSSTEINE

Die heute am häufigsten getragenen Edelsteine sind die Geburtssteine. Steine, die mit dem Tierkreiszeichen oder dem Monat, in dem jemand geboren wurde, in Zusammenhang stehen, sollten dazu beitragen, Charakterschwächen zu überwinden und die positiven Eigenschaften zu fördern. Erst seit einigen Jahrhunderten werden solche Steine getragen. Den Ursprung dieser Vorstellung findet man jedoch bereits im ersten Jahrhundert. Josephus schrieb: „Und was die zwölf Steine (in Aarons Brustplatte) betrifft, sollten wir ihre Bedeutung nicht verkennen, gleichgültig ob wir darunter die zwölf Monate oder die zwölf Tierkreiszeichen der Griechen verstehen."

Die Griechen ordneten den einzelnen Tierkreiszeichen unterschiedliche Steine zu, basierend auf ihrer Kraft, Farbe und Beziehung zu dem jeweiligen Zeichen. Josephus stellte folgende Liste zusammen:

- Widder: Blutstein
- Stier: Saphir
- Zwilling: Achat
- Krebs: Smaragd
- Löwe: Onyx
- Jungfrau: Karneol
- Waage: Chrysolith
- Skorpion: Beryll
- Schütze: Topas
- Steinbock: Rubin
- Wassermann: Granat
- Fische: Amethyst

Diese Auswahl verlor erst ihre Gültigkeit, als die Menschen begannen, die Steine den einzelnen Monaten zuzuordnen. Leider hat man sich niemals einigen können, welcher Stein zu welchem Monat gehört, was im Laufe der letzten zweitausend Jahre zu einer Anzahl unterschiedlichster Listen geführt hat.

1912 stellte die „Nationale Vereinigung der Juweliere" in den USA folgende Auswahl zusammen:

- Januar: Granat
- Februar: Amethyst

- März: Blutstein, Aquamarin
- April: Diamant
- Mai: Smaragd
- Juni: Perle, Mondstein
- Juli: Rubin
- August: Peridot, Sardonyx
- September: Saphir
- Oktober: Opal, Turmalin
- November: Topas
- Dezember: Türkis, Lapislazuli

Diese Liste unterscheidet sich stark von den früheren europäischen Zusammenstellungen. So wurde der Rubin vom Dezember auf den Juli verlegt, da man die Ansicht vertrat, ein roter Stein passe besser zu einem Sommermonat. Der Türkis wanderte vom Juli zum Dezember, weil man glaubte, der kühle blaue Stein sei für den Winter angebrachter. Diese Veränderungen muten eher seltsam an, denn man kann weder die Perle noch den Mondstein als warm bezeichnen – und dennoch ordnete man sie dem Juli zu. In älteren Listen erschien die Perle nur selten, da man sie eher als organische Materie, weniger als Stein betrachtete. Der Turmalin trat in keiner der frühen Zusammenstellungen auf.

Es folgten weitere Aufstellungen. 1937 veröffentlichte die „Nationale Vereinigung der Goldschmiede" in Großbritannien ihre Liste der Geburtssteine, die 1952 vom „Jewelry Industry Council" angenommen wurde und seither als „Standardliste" gilt.

- Januar: Granat
- Februar: Amethyst
- März: Aquamarin oder Blutstein
- April: Diamant (in der englischen Liste auch Bergkristall)
- Mai: Smaragd

- Juni: Perle, Mondstein (in der englischen Liste auch Alexandrit)
- Juli: Rubin
- August: Peridot, Sardonyx
- September: Saphir (in der englischen Liste auch Lapislazuli)
- Oktober: Opal (in der englischen Liste auch Rosa Turmalin)
- November: Topas (in der englischen Liste auch Zitrin)
- Dezember: Türkis (in der englischen Liste auch Zirkon)

Obwohl diese Liste allgemeine Anerkennung fand, besteht kaum eine Verbindung zu den Edelsteinen in Aarons Brustplatte. Aus diesem Grund solltest du den dem Monat zugeordneten Stein nur verwenden, wenn dir die Farbe zusagt oder er deinen persönlichen Farben entspricht, die sich aus deinem Lebenspfad, der Ausdrucksform oder dem Seelenanliegen errechnen.

Die Steine für die einzelnen Tierkreiszeichen lassen sich ebenfalls äußerst schwierig bestimmen. Es ist ratsam, einen Stein zu wählen, der sich auf die Farbe des persönlichen Tierkreiszeichens bezieht und nicht auf einem richtigen oder falschen Horoskop basiert. Man sollte immer einen Stein wählen, von dem man sich auch angesprochen fühlt. In der folgenden Aufstellung werden die Farben der einzelnen Tierkreiszeichen und einige dazu passende Edelsteine genannt:

- Widder: Rot (Rubin, roter Jaspis)
- Stier: Grün (Smaragd, Malachit)
- Zwilling: Vielfarbige oder gestreifte Steine (Achat, gestreifter Onyx, gestreifter Chalzedon)
- Krebs: Seegrün (grüner Beryll, grüner Türkis)
- Löwe: Gelb (Topas, Zirkon)

- Jungfrau: Apfelgrün (grüner Feldspat, grüner Chrysopras)
- Waage: Grün (Jade, Peridot)
- Skorpion: Rot (Blutstein, Roter Karneol)
- Schütze: Blau (Saphir)
- Steinbock: Dunkelblau, Schwarz (Turmalin, schwarzer Opal)
- Wassermann: Himmelblau (Aquamarin, Lapislazuli)
- Fische: Purpur (Amethyst, purpurfarbener Flussspat)

In den meisten Fällen erzielt man eine stärkere magische Wirkung mit einem Stein, den man für sein Tierkreiszeichen aufgrund der Farbe ausgesucht hat, als von einem Edelstein, der in den Juweliergeschäften als Geburtsstein angeboten wird. Selbst heute noch unterscheiden sich diese Listen voneinander. Während ich an diesem Kapitel schrieb, besuchte ich zwei Geschäfte und fand Folgendes heraus:

Zeichen	Geschäft 1	Geschäft 2
Widder	Blutstein	Diamant
Stier	Karneol	Smaragd
Zwilling	Perle	Perle
Krebs	Chalzedon	Rubin
Löwe	Jaspis	Sardonyx
Jungfrau	Smaragd	Saphir
Waage	Beryll	Opal
Skorpion	Amethyst	Topas
Schütze	Topas	Türkis
Steinbock	Chrysopras	Granat
Wassermann	Bergkristall	Amethyst
Fische	Saphir	Blutstein

DEN JAHRESZEITEN
ZUGEORDNETE EDELSTEINE

Um die Sache noch komplizierter zu gestalten, hat man den einzelnen Jahreszeiten bestimmte Edelsteine zugeordnet.

- Frühling: Smaragd
- Sommer: Rubin
- Herbst: Saphir
- Winter: Diamant

EDELSTEINE FÜR DIE
EINZELNEN WOCHENTAGE

Jeder Wochentag steht in Verbindung mit einem Planeten, der die Farbe des Tages bestimmt. Edelsteine, die sich auf diese Farben beziehen, können an dem jeweiligen Tag getragen werden, um die persönliche Kraft und Energie zu steigern.

Tag	Regierender Planet	Farbe
Sonntag	Sonne	Gold oder Gelb
Montag	Mond	Weiß
Dienstag	Mars	Rot
Mittwoch	Merkur	Blau
Donnerstag	Jupiter	Purpur
Freitag	Venus	Grün
Samstag	Saturn	Schwarz und Weiß

Man kann sogar jeder einzelnen Tagesstunde eine Farbe zuordnen, was aber in den meisten Fällen entschieden zu weit geht.

LITHOMANTIE

Unter „Lithomantie" versteht man die Kunst, mit Hilfe von Kristallen und Edelsteinen die Zukunft vorauszusagen. Man nimmt an, dass es sich dabei um eine der ältesten Methoden handelt, die in der Bibel an mehreren Stellen erwähnt wird. Viele Priester und Propheten trugen die Steine auf ihrer Brustplatte (Urim und Thumim, Exod. 28,30) auch in einem kleinen Beutel mit sich. Sie dienten ebenso wie Edelsteine, Kristalle und Knöchel dazu, Fragen zu beantworten.

In der Lithomantie gibt es zahlreiche Methoden, zu denen die Wahl eines einzigen Steines gehörte. Man setzte ihn dem Licht aus, damit der Seher telepathische Botschaften empfangen oder bildhafte Darstellungen in dem Stein zu schauen vermochte. Der Stein wurde bei allen Anliegen und Fragestellungen als Kristallkugel verwendet.

Ich persönlich arbeite am liebsten mit mehreren Steinen. Man benötigt mindestens fünfundvierzig Stück, jeweils fünf von insgesamt neun Farben. Ich nehme sogar zehn von jeder Farbe, da die Aussage ausführlicher wird, aber am Anfang genügen fünf. In einer Trommel polierte Steine sind preiswert, und man kann eine Sammlung fast für den Preis eines guten Decks Tarotkarten erstehen.

Man benötigt Steine in folgenden Farben:
* Rot: (Roter Granat, roter Jaspis, Rhodonit)
* Orange: (Karneol, orangefarbener Kalzit)
* Gelb: (Zitrin, gelber Beryll)
* Grün: (Aventurin, Malachit)
* Blau: (Howlit, Lapislazuli, Türkis)
* Indigo: (Iolith, Sodalith)
* Violett: (Amethyst, purpurfarbener Granat)

- Rosa/Pink: (Rhodonit, Rosenquarz)
- Gold: (Glimmerquarz, goldenes Tigerauge)

Die Farben wurden bereits im ersten Kapitel besprochen. Man kann natürlich noch weitere Farben hinzufügen, aber aus numerologischer Sicht symbolisiert die Zahl neun Vollendung.

Man legt die Steine auf ein mit einem weißen oder schwarzen Tuch bedecktes Tablett. Ich ordne die Steine so an, dass sie, von meinem Klienten aus gesehen, auf der linken Seite des Tabletts liegen, gefolgt von einer Reihe gelber Steine und weiter in der Reihenfolge der Regenbogenfarben. Es entsteht ein wunderschöner Anblick.

Die Deutung kann unterschiedliche Formen annehmen. Wünscht der Klient eine Antwort auf seine Frage, wähle er einen einzelnen Stein. Dieser wird aufgrund seiner Farbe interpretiert. Wenn erforderlich, können weitere Steine gewählt werden, um die Frage ausführlicher zu beantworten.

Bei einer Kurz-Deutung werden nur drei Steine ausgesucht. Der erste Stein steht für die Vergangenheit, der zweite für die Gegenwart und der dritte für die Zukunft. Die Deutung stützt sich auf die Farben der gewählten Steine.

Hier ein Beispiel: Nehmen wir an, die Person wählte einen orangefarbenen, einen violetten und einen roten Stein. Man könnte sagen: „In der Vergangenheit hast du dich ein wenig zurückgehalten. Vielleicht bist du übervorsichtig gewesen und hast aus diesem Grund manche Gelegenheit versäumt. Im Moment befindest du dich in einer violetten Phase, was bedeutet, dass du nach den inneren Wahrheiten suchst und dich stärker mit der Philosophie und Spiritualität beschäftigst. Diese Lernphase wirkt sich auf deine Zukunft aus, obwohl du das Gefühl haben magst, auf der Stelle zu treten. Der rote Stein weist auf die Zukunft hin und ist ein Zeichen für Unabhängigkeit und geistige Fähigkeiten, was letztendlich zum Erfolg führen wird, auch wenn dies harte Arbeit bedeutet. Sie lohnt sich. Lerne auch weiterhin (violetter Stein), nutze deine natürliche Intuition (orangefarbener Stein), strebe Ziele an, die es wert sind (roter Stein) und erreiche sie."

Einer solchen Aussage liegen bestimmte, vom Klienten ausgesuchte Steine zugrunde. Bei einer anderen Methode werden alle Edelsteine in ein Stoffsäckchen gefüllt, was sich als äußerst erfolgreich erwiesen hat, wenn man sich selbst die Zukunft voraussagen will. Wirbele die Steine in dem Säckchen durcheinander und greife, ohne hinzuschauen, einen Stein heraus. Du wirst erstaunt sein, wie genau diese Methode wirkt und stets denjenigen Stein oder die Steine „wählen", die du benötigst, um deine Frage zu beantworten. Manchmal verfahre ich in dieser Weise mit anderen Leuten, ziehe es aber vor, die Steine dann auf ein Tablett zu legen.

Um eine umfangreichere Voraussage machen zu können, ziehe ich die zwölf astrologischen Häuser hinzu, da sie alle grundlegenden Lebensbereiche abdecken.

- 1. Haus: Selbstbild, Ego
- 2. Haus: Persönliche Mittel, Geld, Besitztümer
- 3. Haus: Kommunikation, Kurzreisen
- 4. Haus: Heim, Eltern, häusliche Angelegenheiten
- 5. Haus: Liebe, Kinder, Kreativität
- 6. Haus: Karriere, Gesundheit
- 7. Haus: Ehepartner, Partnerschaft
- 8. Haus: Geldmittel anderer Leute, Sex, Tod
- 9. Haus: Philosophie, Erziehung, Reisen
- 10. Haus: Öffentliches Bild, Eltern
- 11. Haus: Freunde, Beziehungen, Ideale, Bestrebungen
- 12. Haus: Geheimnisse, Feinde, Karma

Lasse den Fragesteller nacheinander zwölf Steine aussuchen, was mitunter eine Weile dauern kann. Die ersten Steine werden meistens sehr sicher gewählt, die letzten hingegen bewusst vorsichtig. Reihe sie vor dem Klienten auf oder zeichne einen in zwölf Abschnitte eingeteilten Kreis auf. Für den Klienten liegt das erste Haus links, zwischen zwanzig und einundzwanzig Uhr. Die folgenden Häuser schließen sich im Uhrzeigersinn an.

Mit Hilfe der gewählten Steine bist du in der Lage, eine ausführliche, zwölf Lebensbereiche abdeckende Deutung zu geben.

Eine andere Möglichkeit besteht darin, dass der Klient jeweils einen der neun Steine einige Zentimeter über dem Horoskop hält, an eine für ihn wichtige Frage denkt und den Stein fallen lässt. Einige Steine werden außerhalb des Kreises landen. Man kann sie vernachlässigen, denn nur jene Steine, die direkt auf das Horoskop fallen, können gedeutet werden. Es kann vorkommen, dass in einigen Kreisabschnitten mehrere Steine liegen, während andere leer bleiben. Auch in diesem Fall werden sie aufgrund ihrer Farbe und den entsprechenden Inhalten des Hauses gedeutet, in das sie fielen.

Im Laufe der Zeit wird sich deine Vorhersage verbessern, was zum Teil auch daran liegt, dass bestimmte Steine zu einer für dich bedeutungsvollen Interpretation führen. Du wirst nicht mehr von der Farbe oder Gestalt des Steines oder ihrer Anordnung abhängig sein, sondern in jedem Stein eine Reihe von Zusammenhängen erkennen, vergleichbar mit den einzelnen Tarotkarten. Sobald du diese Stufe erreicht hast, wird dich deine Intuition leiten und die Qualität deiner Weissagungen erhöhen.

DEIN FARBBAUM

Im Osten werden Edelsteinbäume oft als Feng-Shui-Heilmittel verwendet. Man glaubt, sie vermehren das Glück und den Wohlstand der Hausbewohner, besonders wenn sie im Nordwesten oder Südosten aufgestellt werden.

Gewöhnlich handelt es sich dabei um eine künstliche Pflanze, an der Dutzende von bunten Halbedelsteinen befestigt werden. Sie bieten einen attraktiven und farbenfrohen Anblick. Bisweilen kann man derartige Bäumchen kaufen, aber ebenso gut seinen eigenen basteln. Man nehme einen Zweig von einem abgestorbenen Strauch oder einen Draht, der dementsprechend gebogen wird, um einen verzweigten Baum zu schaffen. Man kann die Steine auch lose an eine lebende Topfpflanze hängen. Die Anzahl der Steine spielt eine weniger große Rolle als die Farbenvielfalt. Achte darauf, dass alle Regenbogenfarben vorhanden sind und füge Farbtöne hinzu, die dich ansprechen.

Stelle deinen Baum an einen Platz, an dem du ihn häufig siehst. Er wirkt als schweigende Affirmation und erinnert dich jedesmal daran, dass er Glück und Wohlstand anzieht.

Bei einer großen Veranstaltung im Rahmen einer Preisverleihung beobachtete ich einen jungen Asiaten, der im Zuge der Unterhaltung Weissagungen anbot. Er bat diejenigen, die sich dafür interessierten, zwei Steine des Baumes zu berühren. Ich vermute, seine Deutungen basierten auf den Farben der gewählten Steine. Leider war ich an der Preisvergabe beteiligt und fand keine Gelegenheit, mich in die lange Warteschlange einzureihen.

In diesem Kapitel haben wir die im Westen üblichen Elemente eingehender betrachtet. Im nächsten werden wir uns den fünf Elementen des Ostens zuwenden und sehen, in welcher Weise sie Einsatz finden, um die häusliche Atmosphäre zu bereichern.

Kapitel 13

Die Farbe in deinem Heim

Das Wort „Heim" besitzt eine gewisse magische Bedeutung. Es handelt sich um unsere eigene Umgebung, in der wir uns wohl und sicher fühlen sollten. Hier dürfen wir frei und wir selbst sein und uns nach unseren Wünschen zum Ausdruck bringen. Farben spielen eine wichtige Rolle dabei, wie glücklich und geborgen wir uns zu Hause fühlen, da sie eine wesentliche Wirkung auf unsere körperliche und emotionale Gesundheit ausüben. Sie sollten unsere Stimmung heben und uns inspirieren. Mit Hilfe von Farben können wir unser Umfeld nach unseren persönlichen Wünschen gestalten.

Seltsamerweise gibt es zahlreiche Menschen, die sich davor fürchten, ihr Zuhause farblich auszuschmücken, obwohl sie ansonsten über einen guten Geschmack verfügen. Am besten verlässt man sich auf seinen Instinkt und seine Vorlieben, da es keine festgesetzten Regeln gibt. Du möchtest dich in deinem Heim wohl und zufrieden fühlen. Alle Farben, die dazu beitragen, sind eine gute Wahl.

Lebst du alleine, hast du bei der Farbzusammenstellung freie Hand. Anders verhält es sich, wenn mehrere Personen unter einem Dach wohnen. In einem solchen Fall sollte man die gemeinschaftlichen Bereiche farblich neutral gestalten und jedem Familienmitglied die Möglichkeit bieten, sein persönliches Umfeld nach eigenen Vorstellungen auszuschmücken. Dieser Kompromiss hat sich oft als erfolgreich erwiesen, aber meistens gefällt das gemeinsame Umfeld nicht jedem. Am besten spricht man zuerst über die farblichen Zusammenstellungen, um Gemeinsamkeiten herauszuarbeiten.

Bisweilen richtet sich die Grundüberlegung nach dem, was bereits im Zimmer vorhanden ist. Vielleicht ergänzt man den Lieblingsteppich oder Einbaumöbel mit einigen passenden Farben oder wählt lichte Farbtöne, um einen dunklen oder düsteren Raum aufzuhellen.

Deine Lieblingsfarben müssen nicht unbedingt diejenigen sein, die du für dein Zuhause wählst. Deine Wahl wird sich wahrscheinlich der jeweiligen Notwendigkeit und Raumnutzung anpassen. Die Farben für einen stillen und erholsamen Ort werden sich mit Sicherheit von denjenigen unterscheiden, mit denen du ein anregendes, dynamisches Umfeld schaffen möchtest.

Eine einzelne Farbe vermag eine vielfältige Wirkung hervorzubringen. Mit der richtigen Farbwahl lässt sich ein düsterer Raum in eine warme, anheimelnde Atmosphäre verwandeln. Warme Farben eignen sich dazu, Gemütlichkeit in einen großen Raum zu zaubern, während kühle Farben einem kleinen, engen Zimmer mehr Weite verleihen.

Denke sorgsam über die Verwendung der einzelnen Räume nach. Grün mag sich gut für ein Zimmer eignen, in dem du studieren oder meditieren möchtest, wohingegen die Farbe Rot belebend wirkt. Rot eignet sich außerdem überall dort, wo Wärme erwünscht ist. Orange eignet sich für das Esszimmer, da diese Farbe die Verdauung fördert. Dunkles Blau wirkt entspannender als helles. Purpur fördert die Inspiration.

Experimentiere mit verschiedenen Farbmustern, um die passenden Farbabstufungen herauszufinden. Weiß hellt eine Farbe auf, und man spricht von einer Farbtönung. Schwarz lässt sie dunkler erscheinen, was man als Farbschattierung bezeichnet. Das Hinzufügen von Weiß oder Schwarz ändert den Farbton.

Die folgende Farbauswahl bietet einen allgemeinen Überblick ihrer Verwendungsmöglichkeiten. Die einzelnen Farbtönungen und -schattierungen gehen freilich ins Unermessliche.

Rot

Rot ist eine stimulierende, üppige Farbe, die für Bewegung, Aktivität und Lebendigkeit sorgt. Da sie den Appetit und die Unterhaltung anregt, mag sie sich für das Speisezimmer ebenso gut eignen wie für Eingangshallen oder Dielen sowie Spielzimmer. Sie ist reichhaltig, eindrucksvoll und kraftvoll und vermittelt den Eindruck von Wohlstand. Rot fordert stets Beachtung. Man sollte diese Farbe nicht im Kinderzimmer verwenden, da sie den erholsamen Schlaf behindert.

Orange

Orange ist warm, fröhlich, aufregend und voller Lebensfreude. Es eignet sich für ein emsiges Umfeld, wie Eingangshallen, Küchen, Speisezimmer, Wohnzimmer und Familienzimmer. Man sollte diese Farbe nicht in Studier- oder Schlafzimmern verwenden.

Gelb

Hierbei handelt es sich um eine warme, strahlende, fröhliche und belebende Farbe. Sie vermag kalte Räume oder Bereiche, in denen es an Sonnenlicht fehlt, aufzuhellen, kann aber in sonnendurchfluteten Zimmern überwältigend wirken. Sie eignet sich für Küchen, Wohnräume und Familienzimmer.

Grün

Grün ist eine stille, ruhige, besänftigende und harmonisierende
Farbe, die oft andere Farben miteinander verbindet. (Dies liegt daran, dass sie sich, ebenso wie Violett, aus einer warmen und einer
kühlen Farbe zusammensetzt. Grün besteht aus dem warmen Gelb
und dem kühlen Blau. Violett entsteht aus dem warmen Rot und
dem kühlen Blau.) Grün eignet sich für Küchen, Schlafzimmer
und warme Räume. Es sollte nicht in dunklen oder kalten Räumen
verwendet werden.

Blau

Blau wirkt kühl, still, frisch, beruhigend, entspannend, reflexiv
und erfrischend. Es verschafft ein Gefühl des Wohlbefindens und
eignet sich für warme, sonnige Räume. Da man sich unter dem
Einfluss dieser Farbe entspannt fühlt, passt sie in Schlafzimmer,
Küchen und Badezimmer. Sie eignet sich ebenfalls für kleine
Räume, da sie diese größer erscheinen lässt. In Esszimmern, Eingangshallen oder kalten Zimmern wäre sie fehl am Platz.

Violett

Violett besitzt eine magische, geheimnisvolle und romantische
Wirkung. Dennoch sollte man diese Farbe sehr sorgsam wählen, da sie von manchen Menschen als schwer und erschöpfend
empfunden wird. Bei Unsicherheit sollte man sie meiden. Lila
und Flieder sind eine gute Wahl für Schlafzimmer. Violett findet
meistens innerhalb eines Musters Verwendung oder um einen
Akzent zu setzen. Auf diese Weise verleiht es dem Raum einen
Hauch von Luxus.

Weiß

Weiß wirkt rein, unschuldig und sauber. Es ist völlig neutral und passt daher zu jeder anderen Farbe. Es lässt einen Raum größer erscheinen und bildet einen guten Kontrast zu einem kräftigen Farbton. Es betont das natürliche Licht, kann aber mitunter kalt wirken, besonders in Räumen, denen es an natürlichem Licht mangelt. Weiße Wände lassen den Blick auf Gemälde und Möbelstücke fallen.

Schwarz

Schwarz absorbiert Licht, was eine negative, erschöpfende Wirkung ausübt, weshalb man diese Farbe äußerst vorsichtig verwenden sollte. Sie vermag zwar andere Farben zu akzentuieren, wirkt aber nicht so aufbauend wie diese, da sie das Licht, das wir benötigen, nicht weiterleiten kann.

Rosa

Rosa schmeichelt, wirkt sanft, umsorgend, romantisch und feminin. Es entsteht aus Rot und Weiß. Fügt man der stark maskulinen Farbe Rot Weiß hinzu, ergibt sich eine völlig andere Energie. Rosa eignet sich für Badezimmer und jeden anderen Raum, den ein weibliches Familienmitglied benutzt.

Natürliche Farben

Braun ist eine Erdfarbe. Sie bewirkt ein Gefühl der Unterstützung und Kraft. Naturhölzer eignen sich besonders gut, um diese Farbe einzuführen. Töpferwaren, Keramik, Steine, Backsteine und roher Lehmputz bilden weitere Möglichkeiten, das Heim mit natürlichen Farben auszustatten. Sie wirken unterstützend und stabilisierend.

DIE FÜNF ELEMENTE DES FENG SHUI

Feng Shui bedeutet „Wind und Wasser". Darunter versteht man die uralte chinesische Lehre, mit seiner Umgebung in Einklang zu leben. Vor Jahrtausenden entdeckte dieses Volk, dass ihnen ihre in der richtigen Weise erbauten Häuser (nach Süden gewandt, vorne ein ruhig dahinfließendes Gewässer und dahinter eine sanfte Hügellandschaft) ein glückliches und reiches Leben ermöglichten.

Die Grundidee, auf der Feng Shui fußt, ist Chi, die universelle Lebenskraft, die in allem enthalten ist. Diese Lebenskraft soll unser Zuhause sanft durchfluten und eine positive und anregende Umgebung schaffen. Mit Hilfe der Farben, die sich auf unsere persönlichen, durch das Geburtsjahr bestimmten Elemente beziehen, können wir dieses Ziel erreichen.

Die Chinesen bedienen sich der fünf Elemente Holz, Feuer, Erde, Metall und Wasser. Dein persönliches Element magst du dem Anhang entnehmen. Man kann die Elemente aus unterschiedlicher Sicht betrachten. Im Entstehungzyklus bringt jedes Element das nächste hervor. Holz brennt und führt zu Feuer. Aus dem Feuer erhalten wir die Asche, die zur Erde wird. Aus der Erde gewinnen wir das Metall. Metall kann sich verflüssigen, woraus Wasser entsteht.

Im Gegensatz dazu gibt es einen Vernichtungszyklus. Holz trocknet die Erde aus. Die Erde nimmt Wasser auf. Wasser löscht das Feuer. Feuer schmelzt Metall. Metall fällt das Holz.

Schließlich gibt es noch den Reduktionszyklus. Er beruhigt das nachfolgende Element und wirkt in umgekehrter Weise wie der Entstehungszyklus: Holz, Wasser, Metall, Erde und Feuer.

Zu jedem Element gehören eine große Anzahl von Querverbindungen, unter anderem eine Richtung sowie eine oder mehrere Farben.

Element	Himmelsrichtung	Farbe
Holz	Osten, Südosten	Grün
Feuer	Süden	Rot, Purpur, Rosa
Erde	Südwesten, Nordosten, Mitte	Gelb, Braun, Orange
Metall	Westen, Nordwesten	Silber, Weiß, Gold
Wasser	Norden	Blau, Schwarz, Grau

Mit Hilfe der drei Zyklen lässt sich in deinem Heim eine Farbharmonie schaffen. Die besten Farben sind diejenigen, die mit deinem persönlichen Element übereinstimmen oder dein Element aus dem Entstehungszyklus hervorbringen, was außerdem die Quantität und Qualität des persönlichen Chi in deinem Umfeld steigert. Nehmen wir an, dein persönliches Element ist Metall, dann solltest du die Farben Weiß, Silber und Gold mit einarbeiten. Auch ein wenig Gelb, Braun und Orange kämen dir zugute, da diese Farben mit dem Erd-Element in Zusammenhang stehen und Erde Metall hervorbringt.

Du solltest diejenigen Farben meiden, die sich auf jenes Element beziehen, das dein persönliches Element zerstört. Sollte es sich um Feuer handeln, vermeide Blau oder Schwarz, da diese Farben mit dem Wasser-Element in Verbindung stehen und Wasser das Feuer löscht.

Der Reduktionszyklus kann dazu dienen, die Wirkung eines bestimmten Elementes abzuschwächen oder rückgängig zu machen. Wenn dein Schlafraum im nordöstlichen Teil deines Hauses liegt, der sich auf das Erd-Element bezieht, füge der Ausstattung ein wenig Weiß hinzu, um die Schlafbereitschaft sicherzustellen, da im Reduktionszyklus Metall die Erde abkühlt.

Man kann das persönliche Element ebenfalls dazu benutzen,

um die richtige Kleidung zu wählen und das persönliche Chi zu erhöhen.

Wahrscheinlich wird jedes Familienmitglied sein eigenes persönliches Element besitzen, dem man bei der Ausstattung jener Räume Rechnung tragen kann, die von der Familie am häufigsten benutzt werden. Das eigene Schlafzimmer sollte sowohl das persönliche Element seines Besitzers widerspiegeln als auch jenes Element, das ihm im Entstehungszyklus vorangeht. Die Schlafräume der Kinder sollten die Farbe desjenigen Elementes enthalten, das im Entstehungszyklus ihrem Element vorangeht, da sie noch im Wachstum begriffen sind. Das vorangehende Element fördert ihren Reifeprozess und ihre Entwicklung.

Die Wirkung der Elemente in die einzelnen Himmelsrichtungen des Hauses lässt sich dadurch erhöhen, dass man Möbelstücke, Bilder oder Wandbehänge hinzufügt, um die Farben in diesem Bereich zu korrigieren. Man kann einen Raum mit Energie aufladen, indem man diejenige Farbe mit einbezieht, die die Farbe des Raum-Elementes hervorholt. Ein von Feuer beherrschtes Zimmer ist rot. Zur Anregung der roten Energie füge man etwas Grünes hinzu (da Holz im Entstehungszyklus Feuer hervorbringt). Bei der Verwendung der zu den einzelnen Himmelsrichtungen gehörenden Farben sollte man Vorsicht walten lassen. Wenn jedes Zimmer im Haus eine andere Farbe besitzt, kann es dort ungemütlich werden. Es ist besser, einen Grundtenor zu schaffen und verschiedene farbliche Akzente zu setzen, die mit den einzelnen Himmelsrichtungen in Einklang stehen, um auf diese Weise die Lebensenergie zu erhöhen.

CHINESISCHE ASTROLOGIE-FARBEN

Jedes der zwölf Tiere im chinesischen Horoskop bezieht sich auf eine Reihe von Aspekten, wozu auch die Farbe gehört. Diesen kann man in seiner häuslichen Atmosphäre die persönlichen Farbe hinzufügen. Sollten die Farben im destruktiven Zyklus aufeinanderprallen, empfiehlt es sich, dem persönlichen Element den Vorrang zu geben.

Tier	Element	Farbe
Ratte	Wasser	Schwarz
Ochse	Erde	Gelb
Tiger	Holz	Grün
Hase	Holz	Grün
Drache	Erde	Gelb
Schlange	Feuer	Rot
Pferd	Feuer	Rot
Schaf	Erde	Gelb
Affe	Metall	Weiß
Hahn	Metall	Weiß
Hund	Erde	Gelb
Eber	Wasser	Schwarz

Die japanische Astrologie wird *Kigaku* genannt und bedeutet „Wissenschaft des Geistes". Sie benutzt dieselben Tiersymbole wie die chinesische Astrologie, verfügt aber über zusätzliche Farben, die sich aus der Kombination deines Elementes und deines Tierzeichens ergeben.

- Wasser/Ratte: Weiß
- Holz/Ratte: Grün

- Feuer/Ratte: Rot
- Holz/Ochse: Türkis und Himmelblau
- Metall/Ochse: Weiß
- Feuer/Ochse: Purpur
- Erde/Tiger: Gelb, Schwarz, Weiß
- Wasser/Hase: Weiß
- Holz/Hase: Grün
- Metall/Hase: Rot
- Holz/Drache: Türkis und Himmelblau
- Metall/Drache: Weiß
- Feuer/Drache: Purpur
- Erd/Schlange: Schwarz, Gelb, Weiß
- Wasser/Pferd: Weiß
- Holz/Pferd: Grün
- Metall/Pferd: Rot
- Holz/Schaf: Türkis und Himmelblau
- Metall/Schaf: Weiß
- Feuer/Schaf: Purpur
- Erd/Affe: Schwarz, Gelb, Weiß
- Wasser/Hahn: Weiß
- Holz/Hahn: Grün
- Metall/Hahn: Rot
- Holz/Hund: Türkis und Himmelblau
- Metall/Hund: Weiß
- Feuer/Hund: Purpur
- Erde/Eber: Schwarz, Gelb, Weiß

Diese Farben können in jedem Raum Verwendung finden, der häufig benutzt wird. Sie erweisen sich ebenfalls als nützlich, wenn man sie bei Gelegenheiten trägt, in denen du dich erfolgreich und beherrscht fühlen möchtest.

Kapitel 14

Dein Farbtagebuch

Ein Farbtagebuch zu führen, kann sehr wertvoll und aufschlussreich sein. Ich persönlich habe mir angewöhnt, den Notizblock zu verwenden, der neben dem Telephon liegt. Dort steht auch ein Köcher mit verschiedenen Farbstiften. Jeden Abend, bevor ich zu Bett gehe, überdenke ich kurz den Tag und gebe ihm ganz spontan eine Farbe. Ich greife nach dem Farbstift, der mir geeignet erscheint, und male unter das jeweilige Datum ein kleines Farbviereck. Manchmal kommt mir im Laufe des Tages der Gedanke, dass er orange, blau oder wie auch immer sein wird. In den meisten Fällen verschwende ich keinen einzigen Gedanken daran, und meine Farbauswahl überrascht mich manchmal.

Die Farbe gibt zwar sofort Aufschluss, schenkt aber im Laufe der Zeit wertvolle Einblicke. Nachdem du dein Farbtagebuch eine Weile geführt hast, gewinnst du einen Überblick und erkennst, welche Farben während der vergangenen Monate eine Rolle in deinem Leben gespielt haben. Auf diese Weise kannst du deine Höhen und Tiefen verfolgen, die deine Farbwahl offenbart.

Vielleicht überwiegt die ein oder andere Farbe oder du hast alle Farbstifte benutzt. In den meisten Fällen wird es sich bei

209

den Farben überwiegend um warme (rote, orangefarbene, gelbe) oder kühle (grüne, blaue, violette) Farbtöne handeln . Vielleicht wählst du unbewusst Komplementärfarben (rot/grün, orange, blau oder gelb/purpur). Sie werden sich in deinem Leben ausgleichen.

Du solltest auch darauf achten, ob irgendwelche Farben fehlen. Jede Regenbogenfarbe wirkt sich positiv auf dich aus, und jede fehlende Farbe bedeutet, dass es dir an der nötigen Energie fehlt.

FEHLENDE FARBEN

Rot

Fehlendes Rot ist ein Zeichen von Erschöpfung. Vielleicht bist du krank oder übermüdet. Du solltest deine Ernährung verbessern, für ausreichend Schlaf sorgen und dich körperlich betätigen, um deinen Energiespiegel auf die nötige Ebene anzuheben.

Orange

Wenn die Farbe Orange fehlt, mangelt es dir wahrscheinlich an Vertrauen und Selbstwertgefühl. Iss orangefarbene Früchte und Gemüse, atme orangefarbene Energie ein und mache Übungen, die deinen unteren Bauchraum mit einbeziehen. Der Tanz eignet sich besonders gut, aber auch alle anderen Bewegungen, die dazu beitragen, das Sakral-Chakra anzuregen.

Gelb

Fehlendes Gelb ist ein Zeichen von Nervosität und Überanstrengung. Atme gelbe Energie ein und massiere den Bereich oberhalb des Nabels.

Grün

Die Abwesenheit von Grün weist gewöhnlich auf Beziehungsprobleme hin. Schlendere durch einen Park und genieße die heilende Wirkung der grünen Bäume und Sträucher. Wenn möglich, laufe barfuß durch das Gras.

Blau

Fehlt die Farbe Blau, glaubst du dich wahrscheinlich von jemandem, der dir nahe steht, nicht unterstützt oder vernachlässigt. Atme blaue Energie ein und wandere am Wasser entlang oder setze dich an einen Brunnen.

Indigo

Fehlendes Indigo ist ein Zeichen dafür, dass dich Menschen, die dir nahe stehen, ausnutzen oder nicht wirklich zu schätzen wissen. Gönne dir ein wenig Zeit für dich und atme indigofarbene Energie ein.

Purpur

Mangelt es an Purpur, hast du vorübergehend die Verbindung zu deinem höheren Selbst verloren. Ziehe dich eine Weile an einen für dich spirituellen Ort zurück. Lausche erhebender Musik und atme purpurfarbene Energie ein.

FARBBAD

Man kann die fehlende Farbe wieder in sich aufnehmen, wenn man in dem entsprechenden farbigen Wasser badet, was sich als äußerst wirkungsvoll erweist. Zu diesem Zweck nehme man Lebensmittelfarbe oder ein Badesalz.

Gönne dir viel Zeit und genieße das Bad. Lausche sanfter Musik, zünde Kerzen an und füge dem Bad ein paar Tropfen Badeöl hinzu. Das Wasser sollte angenehm, aber nicht zu heiß sein. Verwende qualitativ gute Handtücher, um dem Ganzen einen Hauch von Luxus zu verleihen.

Visualisiere die Farbe, die du einatmest und siehe sie jede einzelne Körperzelle durchdringen und mit Energie und Vitalität überfluten. Entspanne dich. Bist du bereit, verlasse das Bad und trockne dich kräftig ab. Strecke dich, kleide dich an und entspanne dich einige Augenblicke, ehe du in den Alltag zurückkehrst.

Farbbäder wirken belebend, heilend und ausgleichend. Genieße sie des öfteren. Du solltest nicht so lange warten, bis dein Tagebuch dich darauf hinweist.

Kapitel 15

Schluss

Ich hoffe, nach der Lektüre dieses Buches wirst du die Farben mit anderen Augen sehen. Du wirst Joseph mit seinem farbenprächtigen Umhang gleichen und die wohltuende Auswirkung von Farben überall erleben.

Man kann eine Farbe in vielfältiger Weise einsetzen, um sein Leben zu bereichern. Experimentiere mit unterschiedlichen Tönen. Versuche, einige Tage lang eine Farbe zu tragen, die du gewöhnlich nicht wählen würdest und beobachte ihre Wirkungsweise. Verwende Farben, um dich selbst besser zu verstehen, Zugang zu deinem inneren Selbst zu gewinnen und deine Zukunft vorauszusagen. Experimentiere mit ihnen im Bereich der Meditation und Magie. Nutze sie zur mentalen, emotionalen, spirituellen und körperlichen Gesundheit. Der englische Soldat und Dichter Julian Grenfell (1888-1915), der im Ersten Weltkrieg seinen Verwundungen erlag, verstand die Farben sehr gut, wenn er schrieb: „Das Leben ist Farbe, Wärme und Licht." Für ihn setzte sich das Leben aus drei Elementen zusammen, die sich alle auf die Farbe beziehen. Ohne Farben wäre das Leben unsagbar trübsinnig, und es gäbe kaum Wärme und Licht.

Glücklicherweise leben wir in einer Welt, die vor Farben übersprüht. Ein Regenbogen an Farben wartet darauf, jeden Lebensaspekt zu bereichern. Nutze ihn.

Anhang

ELEMENTE UND ZEICHEN
FÜR DIE JAHRE 1900 BIS 2010

Element	Zeichen
Metall	Ratte: 31. Januar 1900 bis 18. Februar 1901
Metall	Ochse: 19. Februar 1901 bis 7. Februar 1902
Wasser	Tiger: 8. Februar 1902 bis 28. Januar 1903
Wasser	Hase: 29. Januar 1903 bis 15. Februar 1904
Holz	Drache. 16. Februar 1904 bis 3. Februar 1905
Holz	Schlange: 4. Februar 1905 bis 24. Januar 1906
Feuer	Pferd: 25. Januar 1906 bis 12. Februar 1907
Feuer	Schaf: 13. Februar 1907 bis 1. Februar 1908
Erde	Affe: 2. Februar 1908 bis 21. Januar 1909
Erde	Hahn: 22. Januar 1909 bis 9. Februar 1910
Metall	Hund: 10. Februar 1910 bis 29. Januar 1911
Metall	Eber: 30. Januar 1911 bis 17. Februar 1912
Wasser	Ratte: 18. Februar 1912 bis 5. Februar 1913
Wasser	Ochse: 6. Februar 1913 bis 25. Januar 1914
Holz	Tiger: 26. Januar 1914 bis 13. Februar 1915
Holz	Hase: 14. Februar 1915 bis 2. Februar 1916

Feuer	Drache: 3. Februar 1916 bis 22. Januar 1917
Feuer	Schlange: 23. Januar 1917
	bis 10. Februar 1918
Erde	Pferd: 11. Februar 1918 bis 31. Januar 1919
Erde	Schaf: 1. Februar 1919 bis 19. Februar 1920
Metall	Affe: 20. Februar 1920 bis 7. Februar 1921
Metall	Hahn: 8. Februar 1921 bis 27. Januar 1922
Wasser	Hund: 28. Januar 1922 bis 15. Februar 1923
Wasser	Eber: 16. Februar 1923 bis 4. Februar 1924
Holz	Ratte: 5. Februar 1924 bis 24. Januar 1925
Holz	Ochse: 25. Januar 1925 bis12. Februar 1926
Feuer	Tiger: 13. Februar 1926 bis 1. Februar 1927
Feuer	Hase: 2. Februar 1927 bis 22. Januar 1928
Erde	Drache: 23. Januar 1928 bis 9. Februar 1929
Erde	Schlange: 10. Februar 1929
	bis 29. Januar 1930
Metall	Pferd: 30. Januar 1930 bis 16. Februar 1931
Metall	Schaf: 17. Februar 1931 bis 5. Februar 1932
Wasser	Affe: 6. Februar 1932 bis 25. Januar 1933
Wasser	Hahn: 26. Januar 1933 bis 13. Februar 1934
Holz	Hund: 14. Februar 1934 bis 3. Februar 1935
Holz	Eber: 4. Februar 1935 bis 23. Januar 1936
Feuer	Ratte: 24. Januar 1936 bis 10. Februar 1937
Feuer	Ochse: 11. Februar 1937 bis 30. Januar 1938
Erde	Tiger: 31. Januar 1938 bis 18. Februar 1939
Erde	Hase: 19. Februar 1939 bis 7. Januar 1940
Metall	Drache: 8. Februar 1940 bis 26. Januar 1941
Metall	Schlange: 27. Januar 1941
	bis 14. Februar 1942
Wasser	Pferd: 15. Februar 1942 bis 4. Februar 1943
Wasser	Schaf: 5. Februar 1943 bis 24. Januar 1944

Holz	Affe: 25. Januar 1944 bis 12. Februar 1945
Holz	Hahn: 13. Februar 1945 bis 1. Februar 1946
Feuer	Hund: 2. Februar 1946 bis 21. Januar 1947
Feuer	Eber: 22. Januar 1947 bis 9. Februar 1948
Erde	Ratte: 10. Februar 1948 bis 28. Januar 1949
Erde	Ochse: 29. Januar 1949 bis 16. Februar 1950
Metall	Tiger: 17. Februar 1950 bis 5. Februar 1951
Metall	Hase: 6. Februar 1951 bis 26. Januar 1952
Wasser	Drache: 27. Januar 1952 bis 13. Februar 1953
Wasser	Schlange: 14. Februar 1953 bis 2. Februar 1954
Holz	Pferd: 3. Februar 1954 bis 23. Januar 1955
Holz	Schaf: 24. Januar 1955 bis 11. Februar 1956
Feuer	Affe: 12. Februar 1956 bis 30. Januar 1957
Feuer	Hahn: 31. Januar 1957 bis 17. Februar 1958
Erde	Hund: 18. Februar 1958 bis 7. Februar 1959
Erde	Eber: 8. Februar 1959 bis 27. Januar 1960
Metall	Ratte: 28. Januar 1960 bis 14. Februar 1961
Metall	Ochse: 15. Februar 1961 bis 4. Februar 1962
Wasser	Tiger: 5. Februar 1962 bis 24. Januar 1963
Wasser	Hase: 25. Januar 1963 bis 12. Februar 1964
Holz	Drache: 13. Februar 1964 bis 1. Februar 1965
Holz	Schlange: 2. Februar 1965 bis 20. Januar 1966
Feuer	Pferd: 21. Januar 1966 bis 8. Februar 1967
Feuer	Schaf: 9. Februar 1967 bis 29. Januar 1968
Erde	Affe: 30. Januar 1968 bis 16. Februar 1969
Erde	Hahn: 17. Februar 1969 bis 5. Februar 1970
Metall	Hund: 6. Februar 1970 bis 26. Januar 1971
Metall	Eber: 27. Januar 1971 bis 15. Januar 1972

Wasser	Ratte: 16. Januar 1972 bis 2. Februar 1973
Wasser	Ochse: 3. Februar 1973 bis 22. Januar 1974
Holz	Tiger: 23. Januar 1974 bis 14. Februar 1975
Holz	Hase: 11. Februar 1975 bis 30. Januar 1976
Feuer	Drache: 31. Januar 1976 bis 17. Februar 1977
Feuer	Schlange: 18. Februar 1977 bis 6. Februar 1978
Erde	Pferd: 7. Februar 1978 bis 27. Januar 1979
Erde	Schaf: 28. Januar 1979 bis 15. Februar 1980
Metall	Affe: 16. Februar 1980 bis 4. Februar 1981
Metall	Hahn: 5. Februar 1981 bis 24. Januar 1982
Wasser	Hund: 25. Januar 1982 bis 12. Februar 1983
Wasser	Eber: 13. Februar 1983 bis 1. Februar 1984
Holz	Ratte: 2. Februar 1984 bis 19. Februar 1985
Holz	Ochse: 20. Februar 1985 bis 8. Februar 1986
Feuer	Tiger: 9. Februar 1986 bis 28. Januar 1987
Feuer	Hase: 29. Januar 1987 bis 16. Februar 1988
Erde	Drache: 17. Februar 1988 bis 5. Februar 1989
Erde	Schlange: 6. Februar 1989 bis 26. Januar 1990
Metall	Pferd: 27. Januar 1990 bis 14. Februar 1991
Metall	Schaf: 15. Februar 1991 bis 3. Februar 1992
Wasser	Affe: 4. Februar 1992 bis 22. Januar 1993
Wasser	Hahn: 23. Januar 1993 bis 9. Februar 1994
Holz	Hund: 10. Februar 1994 bis 30. Januar 1995
Holz	Eber: 31. Januar 1995 bis 18. Februar 1996
Feuer	Ratte: 19. Februar 1996 bis 6. Februar 1997
Feuer	Ochse: 7. Februar 1997 bis 27. Januar 1998
Erde	Tiger: 28. Januar 1998 bis 15. Februar 1999
Erde	Hase: 16. Februar 1999 bis 4. Februar 2000
Metall	Drache: 5. Februar 2000 bis 23. Januar 2001

Metall	Schlange: 24. Januar 2001 bis 11. Februar 2002
Wasser	Pferd: 12. Februar 2002 bis 31. Januar 2003
Wasser	Schaf: 1. Februar 2003 bis 21. Januar 2004
Holz	Affe: 22. Januar 2004 bis 8. Februar 2005
Holz	Hahn: 9. Februar 2005 bis 28. Januar 2006
Feuer	Hund: 29. Januar 2006 bis 17. Februar 2007
Feuer	Eber: 18. Februar 2007 bis 6. Februar 2008
Erde	Ratte: 7. Februar 2008 bis 25. Januar 2009
Erde	Ochse: 26. Januar 2009 bis 13. Februar 2010

Lilla Bek/Anita Offik
Chakras und Farben
Hardcover, 380 Seiten

ISBN 978-3-89427-338-5

Farben bestimmen unser Leben!
Lilla Bek, eine der angesehensten Psychologinnen und Heilerinnen Englands, veröffentlicht in diesem umfassenden Kompendium die Forschungsergebnisse einer lebenslangen Beschäftigung mit den Farben. Sie breitet ein schillerndes Universum vor den Augen der Leser aus, das weitaus beeindruckender ist als jenes, das 'normale' Augen sehen. Lilla Bek erblickt die Farben auch mit den 'inneren' Augen und lässt in ihren Beschreibungen auch den nicht hellsichtigen Leser teilhaben an dem Farbenspiel der Schöpfung.

So erhält das Verständnis der Farben eine neue Dimension, indem auch ihre unsichtbaren Wirkungen Berücksichtigung finden. Farben wirken, etwa über das Chakra-System, in sehr intensiver Weise auf Körper und Psyche des Menschen ein. Ein wissender Umgang mit der Heilkraft der Farben vermag hier überaus heilsame Kräfte freizusetzen.

AURA, CHAKRAS UND FARBEN

Brenda Davis
Wie stärke ich meine Chakras?
Pbk., 170 Seiten
ISBN 978-3-89427-351-4

In ihrem überaus praktischen „Arbeitsbuch zu den Chakras" gibt Dr. Brenda Davies zahlreiche wertvolle Hinweise für den Umgang mit den Energiefeldern der Chakras im täglichen Leben.

- Welche Krankheiten werden ausgelöst, wenn ein Chakra eine Unterfunktion aufweist?
- Wie kann ich ein Chakra stärken, um eine Fehlfunktion auszugleichen?
- Wie zeigt ein Chakra an, dass im täglichen Leben oder in einer Beziehung ein Mangel vorliegt?
- Welche Übungen kann man praktizieren, um sich im Alltag vor „Energie-Vampiren" zu schützen?
- Welche Affirmationen kann man einsetzen, um die Energie eines Chakras zu erhöhen?

Auf diese und viele andere Fragen liefert dieser Ratgeber ausgesprochen nützliche Hinweise. Er wird sich als hilfreicher spiritueller Wegbegleiter und eine ständige Quelle der Inspiration auf dem Weg durch das Leben erweisen!

William Bloom
Wie schütze ich meine Aura?
Mit einfachen Übungen
für den Alltag
Pbk., 160 Seiten
ISBN 978-3-89427-313-2

Reagieren Sie empfindlich auf eine unangenehme Atmosphäre, auf negative Gedanken oder aggressive Menschen?
Möchten Sie sich vor Menschen schützen, die Ihnen „Energie abziehen"?
Möchten Sie Ihre Lebenssphäre so gestalten, dass sie vor Fremdbeeinflussung sicher ist?
Wenn Sie diese und ähnliche Fragen bejahen, wird Ihnen das vorliegende Buch eine Reihe von äußerst hilfreichen Übungen und Techniken an die Hand geben, um sich selbst, Ihre Lieben und Ihre Umgebung vor negativen Einflüssen zu bewahren.
Sie lernen, Ihre Aura wirksam zu schützen und Ihre Umgebung zu reinigen. Sie finden Übungen, um ein Haus oder einen Raum zu segnen. Sie können auf mühelose Weise innere Lebensfreude verwirklichen und mit einfachen Techniken blockierende Ängste überwinden.